Matthias Blazek

Mord und Sühne

Der Prozess gegen den Schuhmacher Ludwig Hilberg,
der 1864 vor großem Publikum hingerichtet wurde

D1666146

Matthias Blazek

MORD UND SÜHNE

Der Prozess gegen den Schuhmacher Ludwig Hilberg,
der 1864 vor großem Publikum hingerichtet wurde

ibidem-Verlag
Stuttgart

Bibliografische Information der Deutschen Nationalbibliothek
Die Deutsche Nationalbibliothek verzeichnet diese Publikation in der Deutschen Nationalbibliografie; detaillierte bibliografische Daten sind im Internet über http://dnb.d-nb.de abrufbar.

Bibliographic information published by the Deutsche Nationalbibliothek
Die Deutsche Nationalbibliothek lists this publication in the Deutsche Nationalbibliografie; detailed bibliographic data are available in the Internet at http://dnb.d-nb.de.

Abbildungen auf dem Umschlag: Über den Dächern von Ockershausen (Foto: © Johannes Linn).
Carl Bantzer: „Gehöfte in Ockershausen" (um 1876), © Bildarchiv Foto Marburg.
Tatort-Foto, Mordeiche (Foto: © Dr. Lutz Münzer). Abdruck jeweils mit freundlicher Genehmigung.

Umschlaggestaltung: Josefine Berndt

Bildbearbeitung und Satz: Matthias Blazek

Durchsicht: Dr. Lutz Münzer

Abbildungen auf dem Umschlag: Digitale Sammlung Blazek

Ein herzlicher Dank für die Unterstützung geht an Reinhold Drusel, Helmut Klingelhöfer, Johannes Linn, Dr. Lutz Münzer und Lena Terlisten.

∞

Gedruckt auf alterungsbeständigem, säurefreien Papier
Printed on acid-free paper

ISBN-13: 978-3-8382-1147-3

© *ibidem*-Verlag
Stuttgart 2017

Alle Rechte vorbehalten

Printed in the EU

Vorwort

Öffentliche Hinrichtungen gab es in Hessen bis über die Mitte des 19. Jahrhunderts hinaus. Letztmalig fand eine öffentliche Hinrichtung bei Marburg 1864 nach einem Mord an einer schwangeren jungen Tagelöhnerin statt.

Der Schuhmacher Ludwig Hilberg aus dem kurhessischen Ockershausen bei Marburg an der Lahn schnitt am Vormittag des 9. September 1861 seiner Geliebten Dorothea Wiegand die Kehle durch, weil sie schwanger war und ihm für eine Heirat ein zu geringes Sozialprestige mitbrachte. Am 12. September fand der „Forstlaufer" Lorenz Reinhardt die durch zahlreiche Messerstiche entstellte Leiche mit durchschnittener Kehle am Südhang des Dammelsberges, eines 318 Meter hohen Höhenzuges des Marburger Rückens. Schon bald war klar, dass es sich hierbei um die ledige Dorothea Wiegand handelte. In der Nähe wohnende Bürger hatten zudem am Vormittag des 9. September laute Schreie im Wald vernommen.

Bald fiel der Tatverdacht auf den Schuhmacher Hilberg, der zur Tatzeit mit Dorothea Wiegand enger liiert war und sie zudem, wie sich später herausstellte, unlängst geschwängert hatte. Zwar lenkte Hilberg zunächst den Tatverdacht auf einen anderen Mann, auch eine weitere Person wurde der Tat bezichtigt, aber beide verfügten über Alibis. Hilberg wurde im „Hexenturm" eingekerkert. Er leugnete die Tat hartnäckig. Trotz erdrückender Beweise kam es in der Schwurgerichtsverhandlung zu einem Freispruch. Die Hälfte der Geschworenen war nicht von der Schuld des Angeklagten überzeugt und wollte, da die Todesstrafe zu erwarten stand, kein Fehlurteil riskieren.

Hilberg wurde aus der Untersuchungshaft entlassen. Der Staatsprokurator, entsprechend dem heutigen Staatsanwalt, blieb weiter in der Sache aktiv. 54 Tage nach der Entlassung wurde Hilberg wieder inhaftiert. Der erneute Prozess im Juni 1864 endete mit dem Schuldspruch sowie der Verurteilung zum Tode durch das Schwert. Bald nach dem Urteil gestand Hilberg dann doch die Tat. Er wollte die im Ort als „das Hinkel" verspottete Dorothea Wiegand wegen ihres geringen gesellschaftlichen Ansehens nicht heiraten und fürchtete andererseits die Konsequenzen, die sich für ihn als Vater eines unehelichen Kindes im Dorf ergeben hätten.

Vom Mordort zeugt noch heute die so genannte „Mordeiche".

Matthias Blazek

Gliederung

Mord und Sühne:

Der Prozess gegen den Schuhmacher Ludwig Hilberg, der 1864 vor großem Publikum hingerichtet wurde

Es ist wohl einer der wenigen Umstände, die dazu führen, dass Charakterstudien von Personen auch unterer Gesellschaftsschichten angefertigt wurden: Mord. Im Falle von Mordanklagen wurde damals wie heute akribisch ermittelt, recherchiert, gesammelt und dokumentiert. Gerade in den Gerichtsverhandlungen im 19. Jahrhundert erkennt man zunehmend Sittenbilder und Beschreibungen von Personen, die sonst möglicherweise nie in den Genuss gelangt wären, namentlich für die Zukunft festgehalten worden zu sein. Und dafür musste leider erst ein Mord geschehen.

Die Gerichtsakten enthalten genaue Beschreibungen aller Umstände und Vorgänge, von denen hier nur ein kleiner Auszug gegeben werden kann. Insofern sind die Akten vor allem in sozialgeschichtlicher Hinsicht interessant, da sich hier Aussagen zu Tagesablauf, Wohnverhältnissen, Ernährung, Kleidung und Bildungsstand der Volksschichten machen lassen, die ansonsten quellenmäßig schwer zu fassen sind.

Ein solcher Fall datiert vom Zeitraum 1861-1864, der mit einem Mord unweit Marburgs einsetzt und mit einer der letzten öffentlichen Hinrichtungen in Deutschland endet.

Am Morgen des 12. September 1861, einem Donnerstag, wurde vom Forstlaufer (Forstknecht) Lorenz Reinhardt die Anzeige gemacht, im Dammelsberg, nahe bei Marburg, liege eine weibliche Leiche. Er habe sie um acht Uhr morgens im Blut liegend vorgefunden.[1]

Das kurz nach zehn Uhr morgens eintreffende Gerichtspersonal fand auf dem südlichen Abhang und im Wald des Dammelsbergs auf einem in der Nähe des Waldrandes herführenden Wege einen mit bäuerlichem Frauenanzug bekleideten leblosen Körper liegen, in dessen linker Hand sich ein zusammengefaltetes blutiges Tuch befand. Dem Gerichtspersonal bot sich ein schauderhafter Anblick dar. Der Länge nach mitten auf dem Weg lag der kräftige Körper, am Hals eine 5 Zoll lange, 4½ Zoll tiefe, klaffende, scharfkantige Wunde, das Gesicht unkenntlich und mit Blut überdeckt.[2]

---

[1] Laut Kurfürstlich Hessischem Hof- und Staats-Handbuch auf das Jahr 1862 stand das Forstrevier Marburg damals unter der Leitung von Revierförster Heinrich Arhold (späterer Oberförster in Treisbach). Forstaufseher war Heinrich Metz aus Marburg (auftragsweise). Hierarchisch übergeordnet war die Forst-Inspektion Marburg mit Forstinspektor Oberförster Ludwig Wilhelm Dehnert zu Marburg. Zum Forstrevier Marburg gehörten (1847) immerhin sieben Forstlaufer. In der 73. öffentlichen Sitzung der Ständeversammlung am 2. November 1837 in Kassel verlautete zum Job des Forstlaufers: „Ein Forstlaufer wohnt in der Regel ganz nah an seinem Walde, den er begehen soll, er geht Mittags zu seinem Heerde zurück, ißt, und geht dann wieder hinaus in den Wald." Lorenz Reinhardt wohnte (1868) im Haus Weidenhausen 755.

[2] Der Zoll entsprach in Kurhessen (1819-1871) 2,397 Zentimetern.

Der Kopf der Leiche war unbedeckt, der Zopf hing herunter; vor den Knien lagen ein Kamm und ein neues Mützchen mit zur Schleife gebundenen Bändern, ohne Blutspuren. Am Hals der Leiche klaffte eine breite, mit geronnenem Blut und Maden angefüllte Wunde, von welcher aus auf dem Erdboden eine 8 Fuß lange und 8 bis 10 Zoll breite Blutspur verlief. In dieser Blutlache, fast unter der Mitte des linken Unterarms, lag ein Tischmesser mit Holzstiel und abgerundeter Klinge.

Oberhalb des Kopfes zeigte sich eine kleinere Blutspur, vor dem Unterleib eine Menge von solchen und vom rechten Knie ab eine ein bis zwei Zoll breite Blutspur. Das Gesicht der Leiche war unkenntlich, von Blut und Maden überdeckt; nach erfolgter Reinigung des Gesichts wurde die Leiche am Nachmittag von mehreren Personen als die der Dorothea Wiegand von Ockershausen, einem Ort unweit von Marburg, anerkannt.

Der Körper der Leiche war kräftig und 5½ Fuß lang. Auf der Vorderseite des Halses, dicht unter dem Unterkiefer, fand sich die erwähnte weitklaffende, 5 Zoll lange, 1½ Zoll tiefe, an der Grundfläche 3 1/3 Zoll messende scharfrandige Wunde, welche die Halsadern und den Kehlkopf bis auf die Halswirbel durchdrang. Unterhalb dieser Wunde zeigten sich am Hals noch drei die Hautdecken durchdringende Schnittwunden.

Die rechte, mit halbgeronnenem Blut ausgefüllte Hand zeigte auf der Innenseite des Mittel- und Ringfingers eine querlaufende Schnittwunde, die linke blutige Hand, in welcher das Tuch lag, auf der Innenseite des Zeigefingers zwei Hautabschürfungen, auf dem Mittelfinger nach innen eine Schnitt-, nach außen eine Schramm- oder Schnittwunde.

An beiden Oberschenkeln und den von den Strümpfen unbedeckten Teilen der Unterschenkel fanden sich viele rötliche, zum Teil der Haut beraubte Quetschungen und Eindrücke wie von Fingernägeln.

Die Gebärmutter der Getöteten enthielt eine regelmäßig gebildete Frucht von 16 bis 20 Wochen.

Nach dem Gutachten der Gerichtsärzte war der Tod durch Verbluten in Folge des Durchschneidens sämtlicher Gefäßstämme des Halses eingetreten „und mußte durch diese Halswunde allein unabwendbar nach wenigen Augenblicken erfolgen".

Anfangs wurde vermutet, dass die Tote aus der Gegend von Marburg kommen würde. Später wurde gemutmaßt, dass sie aus Ockershausen komme, aber erst gegen 10.45 Uhr äußerte der Gerichtsdiener Philipp Lyding die Vermutung, dass die Tote Dorothea Wiegand sei. Es lag anfangs der Anschein eines Selbstmords vor, aber sowohl die Persönlichkeit als auch die Todesart konnten erst am Nachmittag bei der Leichenschau festgestellt werden.

Vom Gedanken an einen Selbstmord kam man bald ab. Die Position der Leiche und die große Anzahl der Wunden widerlegten diese Annahme. Dass die Getötete diese und die drei anderen vorher entstandenen Halswunden sich selbst zugefügt hatte, wurde schon wegen der Schmerzhaftigkeit dieser Todesart und der dazu nötigen Willenskraft für sehr unwahrscheinlich gehalten. Die ganze Lage des Leichnams, die Mehrheit der Halswunden und der Blutspuren, die vielen, wahrscheinlich durch Eindrücke von Fingernägeln und vor dem Tode entstandenen Quetschungen der zum Teil entblößten Schenkel sowie vor allem die an beiden Händen gefundenen, im Leben und vor den Halswunden entstandenen, diesen gleichartigen Schnittwunden setzten es außer Zweifel, dass dem Tod ein Kampf mit einer feindlichen Gewalt vorausgegangen war, bei welchem die Getötete das schneidende Werkzeug abzuwehren und zu entwinden suchte, und dass sie liegend überwältigt und dann der tödliche Halsschnitt vollführt wurde.

Dass Dorothea Wiegand sich mit dem bei ihr gefundenen Tischmesser, dem Werkzeug, mit welchem ihr die Wunden zugefügt worden waren, selbst entleibt haben könnte, war bei der Anzahl derselben und der Größe des Blutverlustes deshalb nicht anzunehmen, weil am Stiel nur wenige – wie von einem blutigen Finger aufgedrückte – an der sonst blanken Klinge sich aber nur die Blutspuren fanden, wo jene unter dem Blutstrom lag. Dorothea Wiegand hatte nach den eingetretenen Ermittlungen dieses Messer auch niemals besessen.

Die Mordeiche, stummer Zeuge des Verbrechens. Foto (6.11.2013): Dr. Lutz Münzer

Das in der linken Hand des Leichnams gefundene, regelmäßig zusammengefaltete Tuch war nach dem ärztlichen Gutachten erst nach ihrem Tod dort hineingelegt worden.

Als bereits am 11. September nachmittags der Privatmann Schäfer bei einem Spaziergang am Dammelsberg die Leiche gesehen hatte, ohne jedoch davon eine Anzeige oder Mitteilung an andere zu machen, habe das Messer nicht in, sondern neben der Blutlache und das Tuch auf der Erde neben dem Hals der Leiche gelegen. Beide Gegenstände waren also erst nach dem Tode von Dorothea Wiegand durch einen Anderen in ihre spätere Lage gebracht worden, offenbar, um

9

den Schein eines Selbstmordes glaublicher zu machen, welchem die inneren Handverletzungen am auffälligsten widersprachen.

Darüber hinaus hatte Dorothea Wiegand offensichtlich keinen Anlass gehabt, sich das Leben zu nehmen. Sie hatte sich am Tage vor ihrem Tod neue Mützenbänder gekauft und diese am 9. September angenäht, die Familie Nikol zu Ockershausen in vergnügter Stimmung verlassen, ihre Schuhe bei Ludwig Hilberg mit Nägeln beschlagen lassen und wollte an demselben Tag nach Argenstein in ihren Dienst zurückkehren.[3]

Die Tat musste nach dem am 12. September abgegebenen Gutachten der Ärzte drei oder vier Tage vor dem Auffinden der Leiche geschehen sein. Am Montagmorgen des 9. Septembers, gegen 8 Uhr, war Dorothea Wiegand zuletzt gesehen worden. Kurz nachher sollte sie folglich das Leben verloren haben.

Gerade am Morgen dieses 9. Septembers zwischen 9 und 10 Uhr wurde von mehreren auf dem Abhang des Dammelsbergs beschäftigten Leuten von der Stelle des nahen Waldes her, an welchem die Leiche gefunden wurde, plötzlich ein auffallendes, nach zeitweiser Unterdrückung sich wiederholendes jammervolles Schreien und Hilferufen einer weiblichen Stimme gehört.

Nach den Wahrnehmungen der betreffenden Zeugen erfolgten zuerst mehrere ganz laute, dann wiederum gedämpfte Schreie. Nach einer kurzen Stille ertönte noch ein schreckliches Aufschreien, und dieses ging dann in ein Stöhnen und Wimmern über, welches nach einigen Minuten verstummte. Die Zeugen Frank und Koch hörten die Stimme mehrmals ängstlich um Hilfe rufen. Frank eilte nach der Richtung des Schreiens hin und horchte, kehrte aber, da sich nichts mehr hören ließ und er niemand sehen konnte, an seine Arbeit zurück.

Die von den Zeugen Frank und Immike sowie andererseits von G. Klippert bezeichneten Richtungen des Schreiens trafen an der Stelle, an welcher die Leiche gefunden wurde, zusammen. An dieser Stelle hatte Dorothea Wiegand ihren Tod gefunden, da sich dort die Spuren der Verblutung zeigten, und die Wahrnehmungen der erwähnten Zeugen stimmten mit dem aus dem Befund zu schließenden Hergang überein.

Aus alledem schloss man, dass Dorothea Wiegand durch fremde Hand gewaltsam getötet worden sei.

Der Verdacht fiel bald auf Ludwig Hilberg aus Ockershausen. Hilberg, am 31. Juli 1837 zu Ockershausen geboren, stand nicht in gutem Ruf und besaß nur wenig Vermögen. Er war der Sohn des im Jahre 1854 verstorbenen Tagelöhners P. Hilberg, welcher außer einigen mit Pfandschulden belasteten Grundstücken kein Vermögen hinterlassen hatte. Ludwig Hilberg hatte von 1854 bis 1858 zu Barmen als Schuhmacher gelernt und gearbeitet, von da bis zum Frühjahr 1861 als Soldat gedient und betrieb seitdem das Schuhmacherhandwerk im elterlichen Hause, welches er und seine Mutter allein bewohnten. Das sittliche Betragen

---

[3] Argenstein, jenseits der Ortschaft Weimar (Lahn), liegt etwa acht Kilometer südlich von Ockershausen. Das bedeutete für Dorothea Wiegand immerhin einen Fußweg von über anderthalb Stunden.

und die Gemütsart des Angeklagten in der Ortsschule wurden als „schlecht" und „sehr schlecht" bezeichnet. Insbesondere wurde ihm Tierquälerei zur Last gelegt. Nach der Konfirmation war sein Betragen laut Ausspruchs der Kirchenältesten nicht gut. Im Jahr 1852 war er wegen Diebstahls mit drei Wochen und wegen Beleidigung mit vier Tagen geschärftem Gefängnis bestraft worden.[4]

Hilbergs wurden in Ockershausen „Hettches" genannt, Ludwig Hilberg war entsprechend „Hettches' Ludwig".

Ausschnitt von 1857 aus der Topographischen Karte des Kurfürstentums Hessen (1840-1861), Blatt 60, Marburg (1:25000). Landesgeschichtliches Informationssystem Hessen (Lagis)/Foto: Wikipedia/gemeinfrei

Das Mordopfer, Dorothea Wiegand, 1837 unehelich zu Ockershausen geboren, war früh verwaist und verwahrlost, sie war „in dürftigen Umständen" aufgewachsen. Sie hatte als Kind gebettelt, ernährte sich später als Tagelöhnerin, so auch im Frühjahr 1861 im Hause Hilberg, und diente seit dem 27. Juni 1861 bei den Eheleuten Wolf in Argenstein, einem kurhessischen Dorf, zu dem damals ein Edelhof, 31 Häuser und 173 Einwohner gehörten.[5]

Dorothea Wiegand trug den Spottnamen „das Hinkel". Metaphorisch war das Wort „Hinkel" (Huhn, vor allem im Hanauischen) oder „dummes Hinkel" seinerzeit gebräuchlich, um sich abfällig über alberne Frauen auszulassen.[6]

Später wurde rekonstruiert, was Dorothea Wiegand in den letzten Tagen vor ihrem Verschwinden unternommen hatte. Vom 8. August 1861 an befand sie sich

---

[4] Zur geschärften Haftstrafe heißt es 1852 im „Handbuch der Criminalgesetzgebung für das Großherzogthum Hessen" des Hofgerichtsadvokaten und führenden Darmstädter Liberalen Philipp Bopp (1790-1862) auf Seite 7: „Art. 16: Die im Art. 7 Nr. 3, 5 und II erwähnten Freiheitsstrafen können geschärft werden: 1) durch Beschränkung der Kost auf Wasser und Brod, je um den anderen Tag, nach einander nicht über vier Wochen; 2) durch einsame Einsperrung, ununterbrochen nicht länger als einen Monat; 3) durch Dunkelarrest, ununterbrochen nicht länger als vier Tage; 4) durch Verbindung der ersten mit der zweiten oder dritten Schärfungsart."
[5] Kurfürstlich Hessisches Hof- und Staats-Handbuch auf das Jahr 1861, Druck und Verlag des reformierten Waisenhauses, Kassel 1861, S. 144.
[6] Idiotikon von Kurhessen, zusammengestellt von August Friedrich Christian Vilmar, N. G. Elwert'sche Universitäts-Buchhandlung, Marburg und Leipzig 1868, S. 170.

11

wegen eines Fiebers im Landkrankenhaus zu Marburg. Dort wurde ihre Schwangerschaft ärztlich bestätigt. Sie sagte, dass sie deshalb „an ihren Burschen in Ockershausen" schreiben wolle, entschloss sich jedoch auf Anraten, die Sache mündlich abzumachen. Am 22. August aus dem Landkrankenhaus entlassen,[7] erzählte sie auf dem Weg nach Ockershausen der Ehefrau Förster, dass sie dorthin zu „ihrem Burschen", einem Schuhmacher, gehen wolle, da ihr verraten worden sei, dass er allein sei, um ihn durch ärztliche Bescheinigung von ihrer Schwangerschaft zu überzeugen, die er bisher noch nicht habe glauben wollen. Damals sah auch H. Schneider die Wiegand vom Hilbergschen Haus her kommen und hörte von ihr, dass sie bei „Hettches' Ludwig" gewesen sei. Am folgenden Tag erzählte sie Katharine Textor, dass sie bei ihrem Burschen in Ockershausen gewesen sei und von diesem bereits vier Taler erhalten habe, um sich etwas zu kaufen.[8]

Im Zuge der Ermittlungen wurde festgestellt, dass nur der später angeklagte Ludwig Hilberg der Täter gewesen sein konnte. Ihm wurde ein genügender Beweggrund und zur Zeit der Tat dringender Anlass, Dorothea Wiegand zu beseitigen, angelastet.

Laut Leichenbefund musste Dorothea Wiegand in der Zeit von Ende April bis Ende Mai 1861 geschwängert worden sein. Seit April bis Ende Juni und bis zu ihrem Dienstantritt in Argenstein hatte sie sehr häufig in dem einsam gelegenen Hilbergschen Haus als Tagelöhnerin gearbeitet. Bei diesen Gelegenheiten war sie, weil die Witwe Hilberg von frühmorgens an in Marburg arbeitete, oft und tagelang mit Ludwig Hilberg allein. Beide scherzten zusammen, und das Lachen von Dorothea Wiegand wurde im Nachbarhaus der Ehefrau Scheerer gehört. Sie wurde wiederholt von mehreren Zeugen – auch wohl bei geschlossener Haustür – mit dem Angeklagten allein und ohne Beschäftigung angetroffen, sie besuchte die Familie Hilberg auch abends und an Sonntagen. Sie ließ bei dem Angeklagten ihre Schuhe machen und erzählte stolz, dass dieser ihr sie liefere, auch wenn sie nicht gleich bezahlen könne. Abends eilte sie öfter von ihrer Arbeit bei anderen weg, weil sie noch zu „ihrem Ludwig" müsse. Sie erklärte der Zeugin Bom, dass Ludwig Hilberg ihr Liebhaber sei, und bezeichnete den Angeklagten, als sie von ihrer Schwangerschaft erfahren hatte, vielen Personen gegenüber als „ihren Schwängerer", den Erzeuger ihres Kindes.

Später hat Hilberg seinen Mitgefangenen Schulz und Bohnert gestanden, dass er „früher" und „etwas" Liebschaft mit der Getöteten gehabt habe, seinem später

---

[7] Das Landkrankenhaus für die Provinz Oberhessen, aus dem St. Elisabeth-Hospital durch Erweiterung und Ausbau im Zeitraum 1823-1835 hervorgegangen, befand sich wie die Chirurgische Klinik von 1858 am Pilgrimstein. An der Südseite lag der botanische Garten der Universität Marburg.

[8] Die uneheliche Schwangerschaft mittelloser Mägde und Tagelöhnerinnen konnte dramatische Formen annehmen, wenn die Frauen ihren Zustand nicht fatalistisch akzeptierten, sondern sich auf das die eigene Gesundheit gefährdende Wagnis der Schwangerschaftsunterbrechung einließen. (Vgl. Metz-Becker, Marita, Der verwaltete Körper: die Medikalisierung schwangerer Frauen in den Gebärhäusern des frühen 19. Jahrhunderts, Campus Verlag, Frankfurt a. M./New York 1997, S. 252.)

eingesperrten Zellennachbarn Johannes Heckmann erzählte er, dass er sie öfter „fleischlich gebraucht" habe. Nach der Aussage der Zeugin Katharine Moog hatte Hilberg im Gefängnis auch Katharina Bald, die am 8. April 1862 aus der Haft entlassenen wurde, mitgeteilt, dass Dorothea Wiegand von ihm schwanger gewesen sei.

Der Angeklagte wurde durch die Schwangerschaft von Dorothea Wiegand in eine peinliche Lage versetzt. Dass er die Entdeckung der Schwangerschaft fürchtete, zeigen Äußerungen der Wiegand gegenüber Katharine Textor und den Ehefrauen Goßmann und Förster, wonach ihr Bursche ihr anbefohlen habe, niemand zu sagen, dass ihr Erzeuger ihr Schwängerer sei und dass er ihr Geld gegeben und Weiteres versprochen habe.

Hilberg hatte die Entdeckung und weitere Geltendmachung der Schwangerschaft von Dorothea Wiegand und der dieser gemachten Versprechungen deshalb zu fürchten, weil er unter Zustimmung seiner Mutter mit Regine Dörr aus Bauerbach ein Eheverlöbnis eingegangen hatte und dessen baldige Vollziehung beabsichtigte. Die im Dorf wenig geachtete und laut den damaligen Darstellungen geistesbeschränkte Dorothea Wiegand konnte dem als stolz geschilderten Angeklagten für Regine Dörr keinen Ersatz bieten. Er soll sie anderen gegenüber auch niemals bevorzugt beachtet und am Ende auch widerwillig an eine Heirat mit ihr gedacht haben. Auf eine Äußerung von H. Schneider, dass er die Wiegand heiraten könne, da sie „ihm die Arbeit tue", erwiderte der Angeklagte laut den Ermittlungen, „er wolle lieber nicht auf der Welt sein, als ein solches Geschüssel im Hause haben". Nach dem Zeugnis der Katharine Moog habe Hilberg geäußert, „er habe die Getötete nicht heiraten können, da sie arm gewesen" (sei), nach Aussage von Elise Wagner, „er habe die (besagte) Wiegand nicht leiden können, da sie hässlich gewesen sei und ein dickes Maul gehabt habe", und bei Nikolaus Schulz: „das miserable Mensch sei ihm noch viel zu schecht (sic!) gewesen."

Ludwig Hilberg hatte ferner den Unwillen seiner Mutter zu fürchten, bei welcher er sich aufhielt und welche ihm das elterliche Besitztum zu übergeben beabsichtigte. Dorothea Wiegand äußerte zu Helene Funk, die Mutter ihres Burschen dürfe nichts von ihrer Schwangerschaft erfahren, und zur Ehefrau Pletsch sagte sie, ihr Bursche sei zwar ehrlich, aber seine Mutter sei zu schlimm.

Jacob Zinser sagte der Schuhmacher, seine Mutter habe gesagt, er solle „ja nicht das Ockershäuser Mensch ins Haus bringen", sonst werde sie beide aus dem Haus werfen. Nach Aussage der Elise Wagner habe Hilberg gesagt, er habe „Ungelegenheiten" dadurch gehabt, dass seine Mutter das Mädchen nicht habe leiden können und deshalb immer gezankt habe.

Die Lage Hilbergs musste immer drückender werden, als Dorothea Wiegand ihn am 22. August von ihrer Schwangerschaft überzeugt hatte, wegen dieser am 7. September ihren Dienst in Argenstein verlassen hatte, ohne einen anderen Dienst in Marburg zu finden, und dann am 7. und 8. September auffallend häufig in das Hilbergsche Haus kam.

Diese Besuche hatten gewiss weniger den Zweck, ihre Schuhe beschlagen zu lassen, wohl aber den, ihre Ansprüche vorzubringen. Jetzt war für Hilberg der Augenblick gekommen, sich der ihn drückenden Last zu entledigen und seinem Lebensglück, seinem Verlöbnis und dem häuslichen Frieden Dorothea Wiegand zu opfern.

Indizien lagen anfangs kaum vor, sie mehrten sich erst allmählich. Ludwig Hilberg wurde kurz nach der Mordtat festgenommen. Während des gesamten Oktobers 1861 fanden Vernehmungen statt.

Dem Angeklagten wurde später im Anklageakt vorgehalten, dass er am 9. September und an den folgenden Tagen „verdächtige Ausgänge gemacht" und sich in der Nähe des Ortes der Tat aufgehalten habe.

An einem der drei ersten Morgen der fraglichen Woche sah A. Meisel Hilberg gegen 9 Uhr mit einem blauen Kittel und einer Militärmütze bekleidet von seinem Haus aus den so genannten „Kuttner", einen zum Rotenberg führenden Hohlweg, gehen, und zu Wochenbeginn, nicht lange vor Mittag, sah die Frau des Gastwirts G. Treuer auf dem „bunten Kitzel" aus dem Gebüsch des Dammelsbergs an einer nur drei Minuten von dem Fundort der Leiche entfernten Stelle einen jungen Menschen von der Gestalt und dem Aussehen des Angeklagten herauskommen, der wie dieser einen blauen Kittel, dunkle Hosen und in der Hand ein rotes Päckchen trug und der sehr eilig über den angrenzenden Acker gelaufen sein soll.

Am Nachmittag des 9. September, gegen 15 Uhr, wurde der Angeklagte, mit einer Militärmütze und einem blauen Kittel bekleidet, ein in ein buntes Tuch gebundenes Päckchen tragend, von den Ehefrauen von Joh. und von Heinrich Menche, eine Stunde von Ockershausen entfernt, auf dem Weg von Haddamshausen nach Niederweimar „rasch vorüber gehend" gesehen, nachdem er erst am 7. September Schuhe nach Haddamshausen und Hermershausen gebracht haben soll. Von diesem Gang konnte er gegen 16 Uhr zu Haus wieder angelangt sein.

An demselben Nachmittag, etwa um 16 Uhr, sah A. Schrodt den Angeklagten von seinem Haus her kommen und den „Kuttner", nachdem er sich vorher umgesehen hatte, rasch hinaufgehen. Er war nach dessen Wahrnehmung mit einem blauen Kittel, einer dunklen Hose und einer Soldatenmütze bekleidet und trug ein in ein rotes Tuch gebundenes Päckchen in der Hand.

Zur selben Zeit sah M. Höhl, welcher von 15 bis 17 Uhr auf dem Rotenberg hütete, von der Richtung des etwa 14 Minuten entfernten „Kuttners" her den Angeklagten in derselben Kleidung und mit einem bunten Päckchen in der Hand über das Feld kommen und zum nahen Dammelsberg und dem unterhalb des Waldes sich hinziehenden Sandweg hingehen. Dass Höhl in der Tat, wie er glaubte, seine Wahrnehmung am Montag machte, wurde durch die Zeitangaben der mit ihm gleichzeitig auf den umliegenden Feldern beschäftigten Zeugen bestätigt.

Am Dienstag- oder Mittwochnachmittag gegen 14 Uhr sah C. Weidenhausen den Angeklagten in derselben Kleidung von seinem Haus herkommen und den „Kuttner" hinauf eilen. Montag oder Dienstag begegnete er Catharina Seip und dem Schreiner Justus Vormschlag mit einem Päckchen in einem roten Tuch und am Dienstag den Ehefrauen Eifert und Bauer auf dem Weg von Marburg nach Ockershausen. Am Mittwoch sah ihn Catharina Schneider von dem nach dem Sandweg in die Gegend des Dammelsberg führenden Weg, und Donnerstagmorgen sah ihn S. Struth aus derselben Richtung herunter kommen.

Diese Ausgänge wurden vom Angeklagten zum Teil geleugnet, im Übrigen nicht erklärt. Der Weg auf die Hilbergschen Äcker führte ihn nicht durch den „Kuttner", und seine Kleidung ließ auf weitere Gänge schließen.

Auf dem Dammelsberg.

Nimm mich auf in deine Räume
Wonnevoller Eichenhain,
In dem Schatten deiner Bäume
Stand ich sinnend oft allein.

Wenn der Strahl der Abendröthe
Um die Eichenkronen floß,
Und der süße Ton der Flöte
Wonne durch die Thäler goß,

O, wie weilt' ich da so gerne
Bis die Sonne niedersank,
Bis des Himmels goldne Sterne
Leuchteten zum Niedergang.

In dem grünen Blätter-Saale
Hebt sich höher jede Brust,
Ueber Berge, über Thale
Schweift der Blick voll reiner Lust.

Wenn die Stürme nicht mehr toben
Und die Frühlingslüfte weh'n,
O, wie schön ist's dann hier oben
Auf den waldbekränzten Höh'n!

Von des Abhangs moos'gen Stufen
Schau ich nieder auf die Flur,
Wer wird hier nicht freudig rufen:
Welche herrliche Natur!

19

Zwischen segensreichen Breiten,
Zwischen Feld und Wiesenplan,
Unter Erlen, unter Weiden
Schlängelt sich die sanfte Lahn.

Habt ihr einmal so das ganze
Wahrhaft Schöne anerkannt,
Sagt, gibt es mit schönrem Kranze
Eine Stadt im Hessenland.

Auf dem Dammelsberg. Aus: Dietrich Weintraut, Erinnerung an Marburg und seine Umgebungen, N. G. Elwert, Marburg 1861, S. 19. Digitale Sammlung Blazek

Die Eile des Angeklagten fiel den Zeugen Schrodt und Weidenhausen auf; sein Wesen schien der Catharina Seip verstört und gedrückt, und der S. Struth gab er als Zweck seines Ganges unwahr an, dass er vom Schuhmacher Rehm bestellt worden sei.

Am 4. November 1861 nutzte Hilberg den Fußweg vom Landgericht zum Kugelhaus, in dem die Vernehmungen stattfanden, zur Flucht.[9] Umgehend wurde

---

[9] Das Kugelhaus, Kugelgasse 10 in Marburg, ein laut Inschrift 1491 im spätgotischen Stil vollendetes Kloster, war zu damaliger Zeit Propstei. Seit 1853 an hatte das Kugelhaus das

von der Polizeibehörde ein Steckbrief ausgefertigt: „Alter 24 Jahre, Größe 5 Fuß 2 Zoll, Haare schwarz, Stirn hoch. Augen grau, Augenbrauen schwarz, Nase aufgebogen, Mund gewöhnlich, Zähne gut, Kinn rund, Bart im Entstehen, Gesicht oval, Farbe gesund, Statur kräftig, Religion lutherisch, Kleidung: Blaue Tuchmütze mit ledernem Schirm roten Streifen und Paspeln und Cocarde, schwarze Tuchweste, schwarz seidenes Halstuch, blau leinener Kittel, schwarze Buxkinhose.“

Noch ehe der Steckbrief die Amtsstube verließ, war Hilberg allerdings bereits gefasst. Er wurde im „Hexenturm“ in einer besonders verriegelten Zelle untergebracht.

Im Januar 1862 wurde der Saal im Wirtshaus Ruppersberg in Ockershausen zum Vernehmungslokal. 35 Zeugen waren geladen. Acht Monate lang füllten die Zeugenaussagen die Akten, 2300 Seiten lang.[10]

An die 150 Zeugen mussten wiederholt vernommen und zahlreiche Augenscheine vorgenommen werden. So kam es, dass der Angeklagte erst im September 1863 dem Marburger Schwurgericht zur Aburteilung überwiesen werden konnte.

Der Mordprozess gegen Ludwig Hilberg begann am 19. September 1863.

Ludwig Hilberg leugnete die Tat hartnäckig. Trotz erdrückender Beweise kam es in der Schwurgerichtsverhandlung zu einem Freispruch. Die Hälfte der Geschworenen war nicht von der Schuld des Angeklagten überzeugt und wollte, da die Todesstrafe zu erwarten stand, kein Fehlurteil riskieren. Mit sechs gegen sechs Stimmen wurde der Angeklagte freigesprochen.

Das „Fremden-Blatt“ in Wien schrieb am 5. Oktober 1863:

„ (Ein Monstreprozeß.) Seit dem 19. v. M. wurde vor dem Marburger Schwurgericht ein Prozeß wegen Mord verhandelt, der sehr viel Aehnlichkeit mit dem Nolte'schen hat. Der Schuhmacher Ludwig Hilberg aus Ockershausen war nämlich angeklagt, am 9. Sept. 1861 ein Mädchen aus demselben Ort, mit dem er vertrauten Umgang gehabt und das in Folge dessen schwanger gewesen sei, in dem unweit der Stadt und Ockershausen gelegenen Vergnügungsorte Dammelsberg auf ebenso listige als teuflische Weise ermordet zu haben. Waren nun unter den circa 160 vernommenen Zeugen gerade keine, welche die Mordthat mit angesehen hatten, so lagen doch eine so große Menge anderer Indicien und Beweismittel vor, daß hier Niemand mehr an der Thäterschaft des Angeklagten zweifelte. Dennoch ist letzterer gestern Abend nach 8 Uhr auf den Wahrspruch der Geschwornen (6 für und 6 gegen schuldig) hin freigesprochen und sogleich in Freiheit gesetzt worden. Mit der gespanntesten Theilnahme ist man hier in

---

Amtsgericht beherbergt und ab 1894 das neu gegründete Seminar für Historische Hilfswissenschaften.
[10] „Dramatische Ereignisse im Alltag – Ockershausen im 18. und 19. Jahrhundert“, in: Der Marburger Nachtwächterbote, Ausgabe 6/Mai 2015: Ockershausen – kein Dorf wie andere, Geschichte(n) am Rande der Stadt, S. 21 ff. Im Jahr der Vernehmungen auf dem Saal 1862 war Heinrich Jakob Wilhelm Ruppersberg (1808-1876) Gastwirt in Ockershausen.

allen Schichten der Bevölkerung diesem Prozeß gefolgt. Der Sitzungssaal nebst Vorzimmer war während der eilftägigen Dauer desselben täglich von früh bis spät angefüllt bis zum Erdrücken, und es läßt sich deßhalb leicht denken, welche Sensation die Kunde von dem Verdict der Geschwornen allenthalben hervorrief."[11]

Aufgrund neu entdeckter Beweismittel wurde das Verfahren wieder aufgenommen, und Ludwig Hilberg saß nun zum zweiten Mal auf der Anklagebank, angeklagt wegen Mordes, und zwar Meuchelmordes, begangen an der von ihm schwangeren Dorothea Wiegand.

Das „Fremden-Blatt" in Wien, eine österreichische Tageszeitung, die am 1. Juli 1847 erstmals herauskam, in ihrer Ausgabe vom 5. Oktober 1863. Digitale Sammlung Blazek.

Die zweite schwurgerichtliche Verhandlung fand dann vom 13. bis 27. Juni 1864 an insgesamt zwölf Verhandlungstagen statt. Verhandelt wurde nun vor dem soeben neu konstituierten Obergericht (1864-1867), das sich wie zuvor das Kurfürstliche Obergericht für die Provinz Oberhessen (seit 1821) im Gebäude der Landgräflichen Kanzlei in Marburg befand. Das „Wochenblatt für die Provinz Fulda" hatte die damit verbundenen personellen Umsetzungen in ihren Ausgaben vom 2. und 9. Januar 1864 bekannt gemacht.

2. Januar 1864:

„Seine Königliche Hoheit der Kurfürst haben allergnädigst geruht:

den Obergerichtsrat Röttger **Ganslandt** in Fulda in gleicher Eigenschaft zum neugebildeten Obergericht in Marburg zu versetzen,

den Kriminalgerichtsdirektor Karl **Kraushaar** in Fulda zum Obergerichtsrat beim dortigen Obergericht zu bestellen,

---

[11] Der Ökonom Heinrich Nolte aus Herlinghausen wurde wegen verübten Raubmordes, begangen zwischen Rüdesheim und Assmannshausen Ende Juni 1859 an der ledigen Emilie Lotheisen aus Kassel, vor dem Schwurgericht in Hanau zum Tode verurteilt. Der Prozess hatte am 20. April 1860 begonnen. Nolte wurde am Vormittag des 11. Januar 1861 auf der Lehrhöfer Heide bei Hanau hingerichtet. Auch darüber hatte seinerzeit das „Fremden-Blatt" in Wien berichtet (am 12. Januar 1861).

den Obergerichtsrat Gustav Adolf **du Fais** in Kassel in gleicher Eigenschaft zum Obergericht in Fulda zu versetzen,

den Kriminalgerichtssekretär Julius **Klüppel** in Rotenburg zum Aktuar beim Justizamt in Friedewald zu bestellen und

den vorherigen Obergerichtsreferendar Jakob **Müller** in Marburg zum Obergerichts-Assessor beim Obergericht in Fulda

den Obergerichts-Assessor Ferdinand **Duysing** in Fulda zum Staatsprocurator beim Obergericht in Kassel,

den Justizbeamten Carl **Brauns** in Eiterfeld zum Staatsprocurator beim neugebildeten Obergericht in Marburg,

den Amtsaktuar Karl Christian **von Gehren** in Rotenburg zum Sekretär beim neugebildeten Obergericht in Marburg zu bestellen.

Seine königliche Hoheit der Kurfürst haben allergnädigst geruht, die erledigte Stelle eines Assessors bei der Polizeidirektion in Hanau dem Kreissekretär Heinrich **von Dernbach** in Hersfeld zu übertragen."

9. Januar 1864:

„Seine Königliche Hoheit der Kurfürst haben allergnädigst geruht:

den Staatsanwalt Friedrich Carl **Hartert** in Fulda zum Obergerichtsrat beim neugebildeten Obergericht in Marburg zu bestellen,

den Justizbeamten Wilhelm **Kehr** in Nentershausen in gleicher Eigenschaft zum Justizamt 1 in Marburg zu versetzen und

dem vom Erblandpostmeister, dem Herrn Fürsten von Thurn und Taxis, als provisorischer Postverwalter in Raboldshausen vorgeschlagenen Skribenten Johannes **Schmalz** ebd. die höchstlandesherrliche Bestätigung zu erteilen."

Die „Allgemeine Zeitung" in München erwähnte in der Beilage zu ihrer Ausgabe vom 5. Januar 1864 die erfolgte Versetzung der Obergerichtsräte Friedrich von Starck (1818-1896) von Kassel und Röttger Ganslandt (1812-1894) von Fulda in gleicher Eigenschaft zum neu gebildeten Obergericht in Marburg.

Von Anbeginn des Prozesses an begleitete das Unterhaltungsblatt „Didaskalia" in Frankfurt am Main das Geschehen im Saal des Obergerichts in Marburg. Einleitend zur Wiederaufnahme des Strafprozesses heißt es dort in der Ausgabe von Mittwoch, dem 15. Juni 1864:[12]

„*In unmittelbarer Nähe von Marburg, westlich vom malerisch gelegenen Schlosse, erhebt sich eine mit herrlichen Eichen bewachsene Kuppe, der Dammelsberg. Es ist ein wunderbar schönes Stückchen Erde, ein Lieblingsort der Bewohner Marburgs. Könnten sie uns erzählen, die rauschenden Blätterkronen,*

---

[12] Mit dem Frankfurter Journal, einer der ältesten deutschen Zeitungen, verbunden war seit 1823 die tägliche belletristische Beilage „Didaskalia". Im März 1903 ging es in den Verlag des Frankfurter „Intelligenzblattes" (mit der Beilage „Frankfurter Nachrichten") über, mit dem es verschmolzen wurde.

viel würden sie uns erzählen von Freud und Last, die sie geschaut, von frohen Liedern, die sie vernommen. *Und doch! Auch eine dunkle, furchtbare That ist hier geschehen, mitten auf einem der das Revier durchziehenden Pfade, nicht fern vom Saume des Waldes – ein Mord.* Kurze Zeit erst, kaum einige Jahre sind seitdem enteilt; und doch ist es noch nicht gelungen, den Schleier, der über dieser Schandthat schwebt, zu heben; noch einmal macht menschliche Klugheit den Versuch, ihn zu entfernen, gelingt es auch dann nicht, dann muß sie wohl für immer darauf verzichten.

„Didaskalia" vom 15. Juni 1864. Digitale Sammlung Blazek

Erwarten Sie von mir nicht eine der in der neueren Zeit so beliebten, in ein romantisches Gewand gehüllten und mit prunkvoller Rede geschmückten Criminalgeschichten; ich werde einfach in engem Anschluß an die heute begonnenen

19

Verhandlungen das Wichtigste aus denselben mittheilen; vorerst muß ich, wie zum Verständniß nothwendig, den Hauptinhalt der Anklageacte kurz dem Leser vorführen (...)"

Neben dem unter Mordanklage stehenden Ludwig Hilberg waren Staatsprokurator Carl Brauns, 43 Jahre, und als Verteidiger der Obergerichtsrat Dr. Julius Wolff, 35 Jahre, die Hauptakteure in der Verhandlung. Als Schwurgerichts-Präsident führte Oberappellationsgerichtsrat Otto Neuber, 52 Jahre, durch den Prozess.[13]

Am 13. Juni 1864 war der erste Verhandlungstag. Die Geschworenen wurden vereidigt, und der Präsident ließ das Anklageerkenntnis und den Anklageakt verlesen, in dem noch einmal alle vorliegenden Fakten zusammengetragen waren. Daraus ergaben sich auch die vorgenommenen Verhöre über seine persönlichen Verhältnisse. Es wurde noch einmal deutlich gemacht, dass der Angeklagte sich mehrfach bestrebt habe, den Verdacht der Täterschaft auf andere zu lenken, und dass er endlich im Gefängnis seinen Mitgefangenen gegenüber umfassende Geständnisse der Tat abgelegt habe. Am Schluss des Anklageaktes wurde beantragt, den Angeklagten des ihm zur Last gelegten Verbrechens, welches nach dem auf Artikel 137 der peinlichen Gerichts-Ordnung Kaiser Karls V. gestützten Gerichtsgebrauch zu strafen war, schuldig zu sprechen.

Ein Tag nach Prozessauftakt überschattete eine schlimme örtliche Naturkatastrophe die Ereignisse von Marburg. Darüber berichtete der „Fränkische Kurier (Mittelfränkische Zeitung)" in Nürnberg in seiner Ausgabe vom 20. Juni 1864: „Im kurhessischen Kreis Rotenburg hat das Gewitter vom 15. d. M. den Untergang von acht Menschenleben in Berneburg und von einigen tausend Stück Hausthieren verursacht und Häuser und Felder zerstört. Der Anblick von 8–10 Dorfmarkungen soll grauenvoll sein."

Die Hauptvernehmung des Angeklagten dauerte bis zum nächsten Tag. Um acht Uhr begann dann der zweite Verhandlungstag. Der den Prozess begleitende Redakteur von „Didaskalia oder Blätter für Geist, Gemüth und Publicität" in Frankfurt am Main stellte zur Person Hilbergs fest: „Sein Auftreten ist fest, ja trotzig, zuweilen frech; ein eigenthümliches Lächeln gibt oft seinen Gesichtszügen etwas Widerliches; die an ihn gestellten Fragen beantwortet er rasch und sicher; nur selten macht er von seinem Recht, gar nicht zu antworten, Gebrauch."

Zuerst im Allgemeinen gefragt, was er auf die ihm vorgelesene und dem Präsidenten nochmals erläuterte Anklage zu erklären habe, erwiderte er kurz und bestimmt: „Ich bin unschuldig an der Sache, ich weiß nichts davon." Dorothea

---

[13] In Kurhessen war dem Präsidenten des Oberappellationsgerichts die Ernennung des Präsidenten für jede schwurgerichtliche Sitzungsperiode übertragen. Der Schwurgerichtshof bestand aus einem Richter und zwei Richtern, bei größeren Sachen wurden noch ein bis zwei Ersatzrichter ernannt. Die Geschworenen waren für jede Sitzungsperiode neu zusammenzusetzen. Bei jeder Schwurgerichtsverhandlung mussten mindestens 30 Hauptgeschworene anwesend sein. Von diesen konnten der öffentliche Ankläger und der Angeklagte je neun Geschworene ohne Angaben von Gründen ablehnen. Das Schwurgericht war gebildet, sobald zwölf nicht abgelehnte Geschworene aus der Urne gezogen waren. (Justiz-Ministerial-Blatt für die preußische Gesetzgebung und Rechtspflege, Berlin 1867.)

Wiegand habe er gekannt, sie habe oft in seinem Haus als Tagelöhnerin gearbeitet, er habe ihr zuweilen gegen Bezahlung Schuhmacher-Arbeiten geliefert. Entschieden in Abrede stellte er, in einem näheren Verhältnis zu ihr gestanden, insbesondere vertrauten Umgang mit ihr gepflogen zu haben.

Die Frage, ob er mit Regine Dörr, einem schönen, geachteten Mädchen aus Bauerbach, verlobt gewesen sei, verneinte er erst, dann gestand er es zu. Auf die Frage, warum er erst verneinend geantwortet habe, lachte er und schwieg. Einen innigen Brief von Regine Dörr an ihn erkennt er als von ihr geschrieben an, seine Mutter habe eingewilligt in eine Verlobung, über Dorothea Wiegand wollte er mit ihr gesprochen haben.

Noch ein drittes Liebesverhältnis sollte der Angeklagte begonnen haben, und zwar mit einer Mitgefangenen, die von ihm durch mehrere Wände getrennt war. Ihr Name war Katharine Bald, sie kam aus Marburg. Der Prozessbeobachter von „Didaskalia" zeigte sich nicht gerade neutral, indem er schrieb: „Eine Hetäre der schmutzigsten Art, wegen Meineid, wegen Diebstahls bestraft, excommunicirt, schickt dem wegen Meuchelmords Verhafteten eine Locke, einen Ring aus eigenen Haaren geflochten; er schreibt ihr einen zärtlichen Brief. Gewiß ein merkwürdiges Verhältniß!" Der Angeklagte leugnete alles.

Anfangs hatte er behauptet, nur zwei blaue Kittel besessen zu haben, bei der ersten Hausdurchsuchung fand man auch nur zwei in seiner Wohnung. Später lieferte seine Mutter dann noch einen dritten ab. Folglich gab er nun zu, drei Kittel gehabt zu haben, und zwar einen alten, einen groben leinenen und einen feinen. Nach dem Grund gefragt, warum er früher nur zwei angegeben habe, verwickelte er sich in Widersprüche. Auf die Vorhaltung, dass er früher geäußert habe, „das Hinkel" habe sich selbst getötet, wendete er wortwörtlich ein: „Ich hab's geglaubt, das ist schon oft vorgekommen, dass sich jemand selbst ums Leben gebracht hat."

Hilberg stellte weiterhin in Abrede, dass er den Verdacht bewusst auf andere, und zwar einen gewissen Hartmann Muth aus Niederweimar, habe lenken wollen. Er entgegnete, in dieser Beziehung nur nacherzählt zu haben, was er von anderen vernommen habe.

Mehrere Zeugen, Mitgefangene des Angeklagten, auch der Gefangenenwärter, bekundeten übereinstimmend, dass er oft zur Nachtzeit gestöhnt und gejammert und auch geklagt habe, „dass er keine Ruhe habe und das Mädchen immer vor ihm stehe" und dass er endlich sogar seiner Geliebten, der Katharine Bald, gegenüber direkte Geständnisse seiner Schuld abgelegt habe. All dies wurde nun von dem Angeklagten nachdrücklich geleugnet.

Von zehn bis zwölf Uhr an diesem zweiten Verhandlungstag (14. Juni) nahm das Gericht mit den Geschworenen und dem Verteidiger einen Augenschein über sämtliche in Betracht kommenden Örtlichkeiten vor.

Es folgten noch zehn Prozesstage, an denen der Staatsprokurator Carl Brauns nichts unversucht ließ, um die Geschworenen von der Schuld Ludwig Hilbergs zu überzeugen. Zahlreiche Zeugen kamen zu Wort, die zumeist nur ein kleines

Bisschen zur Wahrheitsfindung beitragen konnten. Jeder Prozesstag wurde in dem Unterhaltungsblatt „Didaskalia" zusammenfassend, wenn auch nicht immer mit der gebotenen Neutralität, betrachtet. In der Darstellung voreingenommen, blieb nichts unversucht, um den Angeklagten in ein schlechtes Licht zu rücken. Von der Verteidigung, Dr. Julius Wolff, war in der Berichterstattung den ganzen Prozess über nichts zu vernehmen.

Am 16. Juni 1864 ging es darum, den Angeklagten zu überführen, dass er mit Dorothea Wiegand ein Verhältnis gehabt hatte. Am 17. Juni wurde durch die Sachverständigen Medizinalrat Dr. Stadler und die Physikusse Dr. Heinrich Horstmann und Dr. Hermann Wigand der Zeitpunkt der Mordtat eingegrenzt und auch eine Aussage zur Tatwaffe getroffen.

Dr. Georg Stadler war der Physikus für das Amt Marburg I bei der Polizeidirektion, der Amtsarzt, wie man heute sagen würde, und auch Amtswundarzt und Geburtshelfer. Gebürtig stammte er aus Fulda, aus der Ehe mit Eleonora, geborene Wortmann (aus Gießen), ging der Leiter der chirurgischen Abteilung des Städtischen Krankenhauses in Bremen Ludwig Stadler (1837-1906) hervor. Georg Stadler starb am 26. November 1864. Dr. Heinrich Horstmann (1817-1884) zu Marburg war ebenfalls Physikus für das Amt Marburg I und zugleich Wundarzt und Geburtshelfer. Dr. Hermann Wigand (1832-1895) im Marktflecken Treis an der Lumda war der Physikus für die Ämter Fronhausen (Justizamt) und Treis an der Lumda (und zugleich ebenfalls Wundarzt und Geburtshelfer).

Bei dieser zweiten schwurgerichtlichen Verhandlung blieb der Angeklagte standhaft beim Leugnen und erklärte: „Ich bin unschuldig an der Sache, ich weiß nichts davon.". Er suchte auch einige Zeugen in sehr starten Ausdrücken zu verdächtigen. So sagte er beispielsweise auf Vorhalt aus den Aussagen des Schreiners Justus Vormschlag und seiner Ehefrau aus Ockershausen: „Vormschlag ist ein Säufer, der einen Stall-Eimer voll vertragen kann, und seine Frau ist den ganzen Tag besoffen. Wenn sie des Mittags mal eine Stunde nüchtern wird, ist sie doch des Abends wieder sterngranatenvoll." Einen vertrauten Umgang mit Dorothea Wiegand stellte er auf das Entschiedenste in Abrede und erklärte: „Solche Weibsleute, so Stricher, die fallen nachher manchmal einen an, der gar nichts mit ihnen zu thun gehabt hat, der sie gar nichts angeht".

„Didaskalia": „Überhaupt war das Benehmen des Angeklagten während der Verhandlung frech, barsch und spöttisch. Er hörte die ihn belastenden Zeugen-Aussagen mit einem höhnischen Lächeln an und erklärte auf die Fragen: was er auf die Zeugen-Aussagen zu erklären habe? in der Regel nur: ‚Nix', ‚Ich weiß von nix', ‚Ich bin es nicht gewesen'."

Die Zeugen wiederholten im Wesentlichen mit völliger Bestimmtheit ihre in der Voruntersuchung abgegebenen und bereits im Anklageakt angeführten Aussagen. Bei der Auseinandersetzung des Beweisergebnisses durch den Staatsprokurator schien die trotzige Haltung des Angeklagten zusammenzubrechen und die Hoffnung auf eine abermalige Freisprechung zu sinken. Ludwig Hilberg saß gebückt und hielt die Hände vor das Gesicht.

Die Beweisaufnahme und das Benehmen des Angeklagten ließen wohl bei keinem der zahlreichen Zuhörer einen Zweifel an der Schuld aufkommen, sie erschwerten die Aufgabe des Verteidigers, der mit diesen Worten begann: „Meine Herren Geschworenen! Der Herr Staatsprokurator hat Ihnen über den Angeklagten ein Bild der Schuld vorgeführt, welches großen Eindruck auf Sie gemacht hat, es lässt sich nicht leugnen, dass er auch schwere Gründe vorgebracht hat."

Julius Wolff war darauf beschränkt, die Wahrheitsliebe des Mordopfers und deren Angaben über die Person ihres Schwängerers zu verdächtigen und das angebliche Motiv der Tat als unbegründet darzustellen.

Die Geschworenen beantworteten einstimmig die an sie gestellten Fragen bejahend, von denen hier nur diese hervorzuheben sind:

„4) Hat der Angeklagte die fragliche Wunde der D. Wiegand in der Absicht zugefügt, dieselbe zu tödten?

5) Hat der Angeklagte den Entschluß, die D. Wiegand zu tödten, mit Ueberlegung (Vorbedacht) gefaßt? und ausgeführt?

7) Hat der Angeklagte die D. Wiegand unter hinterlistiger Täuschung des von derselben in ihn gesetzten Vertrauens zu einer am 9. September 1861 auf dem Dammelsberg stattgefundenen Zusammenkunft behufs Ausführung dieses Entschlusses veranlaßt? "

Das Schwurgericht erkannte den Angeklagten Ludwig Hilberg des Meuchelmordes schuldig und verurteilte ihn am 27. Juni 1864 zur Todesstrafe mittelst Hinrichtung durch das Schwert. Die „Hessenzeitung" berichtete am 29. Juni 1864:

„**Marburg**, 27. Juni. Nachdem in der schwurgerichtlichen Verhandlung gegen den Schuhmacher Ludwig Hilberg von Ockershausen am Donnerstag die Beweisaufnahme geschloßen worden war und am Sonnabend der Statsprocurator und der Vertheidiger ihre Vorträge gehalten hatten, gab heute der Schwurgerichts-Präsident, Hr. Oberappellations-Gerichtsrat Neuber, eine übersichtliche Darstellung des Beweisergebnisses und erfolgte Nachmittags der Ausspruch der Geschworenen. Dieselben erklärten den Angeklagten einstimmig für schuldig und hierauf verurteilte ihn das Gericht wegen Mords zum Tode."

Der „Fränkische Kurier (Mittelfränkische Zeitung)" in Nürnberg schrieb am 29. Juni 1864 kurz und bündig: „In Marburg wurde am 27. Juni Hilberg, der mehrerwähnte Mörder seiner Geliebten, nach einhelligem ‚Schuldig' der Geschworenen zum Tode verurtheilt."

Gegen dieses Urteil zeigte der Angeklagte am 30. Juni das Rechtsmittel der Berufung und Nichtigkeitsbeschwerde an, ließ sich aber am 14. Juli zum Verhör melden und erklärte, er wolle auf das angezeigte Rechtsmittel verzichten und eingestehen, dass er die Tat begangen habe.

Als nun Ludwig Hilberg zum Tode verurteilt worden war, verbreitete sich kurz darauf das Gerücht in der Stadt, „eine hiesige, namhaft gemachte, übel berüchtigte Frauensperson wolle Hilberg heiraten und werde derselbe darum begnadigt werden müssen".[14]

Als Hinrichtungsdatum wurde Freitag, der 14. Oktober 1864, festgelegt. Als Scharfrichter wurde ein älterer Mann aus dem Königreich Hannover, Christian Schwarz, angeheuert, der ein derartiges Amt zuletzt drei Jahre zuvor in Hanau ausgeübt hatte. Ludwig Hilberg sah dem Termin im Marburger Stockhaus entgegen.

Das Stockhaus zu Marburg war für (männliche) Eisensträflinge I. und II. Klasse bestimmt. Inspektor war damals Georg Oswald Wiederhold (1803-1889), Verwalter und Rechnungsführer (seit 1864) Karl Philipp Elias Kirstein, Arzt Physikus Dr. Carl Justi, Pfarrer Conrad Wille und Seelsorger für die katholischen Sträflinge Pfarrer Philipp Will. Die Spezial-Direktion über das Stockhaus führte auftragsweise der dortige Staatsprokurator (jetzt Carl Brauns).[15]

Die Lage des Marburger Stockhauses war für Eisengefangene insofern von Nachteil, als der steile Berg im Winter nur sehr schwer zu passieren war, was insbesondere den Lieferanten mitunter große Schwierigkeiten bereitete. So berichtete etwa am 20. September 1861 der Ober-Aufseher Kirstein, dass es im Winter „sehr oft" vorgekommen sei, dass „bei Eis und hohem Schnee, es den Menschen, selbst wenn sich diese mit Eissporen versehen haben, kaum möglich ist, den Schloßweg ohne Gefahr zu passieren. In Folge dessen ist es also Pferden, Ochsen oder Kühen, da diese hier auch noch einen beladenen Wagen zu ziehen haben, noch weniger möglich, den Schloßberg hinauf zu kommen."[16]

Im Verlauf seiner letzten Monate in der Haft wurde Ludwig Hilberg im Stockhaus oder „Hexenturm" regelmäßig nicht nur vom Pfarrer Conrad Wille, dem Seelsorger des Zuchthauses, sondern auch vom Pfarrer Wilhelm Kolbe, dem Pfarrer der Marburger lutherischen Gemeinde, in der Hilberg konfirmiert worden war, besucht.[17]

Der Stockhausgeistliche, Pfarrer Wille, hatte seine Wohnung im ehemaligen Kommandanturgebäude auf dem Schloss zu Marburg. Er wurde später Pfarrei-Verweser an der evangelischen Gemeinde zu Fritzlar, und 1870 wurde ihm die erledigte Pfarrstelle zu Liebenau, in der Klasse Grebenstein, verliehen.[18]

Wilhelm Kolbe (1826-1888) war ein Sohn des Regierungsprobators Dietrich Kolbe in Marburg. Er wurde am 29. Januar 1851 unter die Kandidaten des Pre-

---

[14] Kolbe, Wilhelm, Hessische Volks-Sitten und Gebräuche im Lichte der heidnischen Vorzeit, Marburg 1886, S. 83.

[15] Kurfürstlich Hessisches Hof- und Staats-Handbuch auf das Jahr 1866, S. 198.

[16] Vgl. Kolling, Hubert, Lebens- und Arbeitsalltag der Gefangenen im Marburger „Stockhaus", in: Zeitschrift des Vereins für hessische Geschichte und Landeskunde, hrsg. vom Verein für Hessische Geschichte und Landeskunde, Band 108/2003, S. 108 (mit Hinweis auf StA MR, Best. 165 Nr. 3282).

[17] Kolbe, Wilhelm, Das Ende des am 14. Oktober 1864 auf dem Rabensteine bei Marburg enthaupteten Ludwig Hilberg, Elwert'sche Universitäts-Buchhandlung, Marburg 1864, S. 6, Abs. 2. Vgl. Hessenland – Zeitschrift für hessische Geschichte und Literatur, Nr. 31, Scheel, Kassel 1917.

[18] Amtsblatt der Regierung zu Kassel, 6. Juli 1870.

digtamtes aufgenommen und empfing am 31. Oktober des Jahres die Ordination. Wie die Mehrzahl der jungen Theologen übernahm auch er anfänglich eine Stellung als Hauslehrer in Rastatt, wurde später als Pfarrgehilfe zu Wetter, dann als Pfarrverweser in Goßfelden eingesetzt und im Jahr 1856 als Subdiakon (Pfarrer) nach Marburg berufen. Er blieb bis 1876 Pfarrer an der lutherischen Pfarrkirche, wurde dann zum Ekklesiasten und 1. Pfarrer an St. Elisabeth berufen und 1887 lutherischer Generalsuperintendent in Kassel.[19]

Über den Dächern von Ockershausen mit Blick zum Marburger Schloss. Foto: Johannes Linn

Auf der Marburger Richtstätte am Rabenstein hatte man seit dem Mittelalter bis in die Neuzeit Todesurteile vollstreckt. Sie hatte sich zunächst am Ortenberg, am so genannten Galgenweg, befunden und wurde 1591 auf das Kaff, auf den südlich gegenüberliegenden Berg verlegt, oberhalb der Schöffen-Gewissheit-Gasse. Dort wurde 1604, als der nördliche Teil Oberhessens mit Marburg an Hessen-Kassel fiel, der Rabenstein aus Steinen neu aufgebaut. Die Bezeichnung „Rabenstein" rührt daher, dass die Vögel diese Plätze gerne wegen der Hinrichtungsüberbleibsel, wie Blut und so weiter, aufsuchten. Während eine ältere Karte von 1720 nur eine einfachere Anlage zeigt, gab es 1745 hier mehrere Mittel des damaligen Strafvollzugs: oben drei Pfähle oder Säulen, darunter eine steinerne Plattform, der eigentliche Rabenstein, für die Hinrichtung mit dem Schwert. Die Richtstätte befand sich im östlichen Marburger Stadtgebiet, oberhalb der Vorstadt Weidenhausen, und zwar linksseitig der Lahn, nahe „Am Rabenstein". Die Örtlichkeit lag hoch über Marburg mit einem eindrucksvollen Blick auf die Stadt.[20]

[19] Mittheilungen an die Mitglieder des Vereins für hessische Geschichte und Landeskunde, L. Döll, Kassel 1888, S. CVII.
[20] Pletsch, Alfred, Marburg, Selbstverlag der Marburger Geographischen Gesellschaft, Marburg/Lahn 1990, S. 58; Bücking, Wilhelm, Geschichtliche Bilder aus Marburgs Vergangenheit, Marburg 1901, S. 110.

Schwierigkeiten bereitete nun die bevorstehende Hinrichtung: Das Gelände um die traditionelle Richtstätte am Rabenstein war verpachtet, sie war zudem seit vielen Jahren nicht mehr benutzt worden. Sie musste also zwischenzeitlich den Pächtern entzogen und für den speziellen Zweck hergerichtet werden. Der Rabenstein selbst war verfallen, die Steine lagen nebenan auf dem Kartoffelacker von Johannes Weimar. Der Zugang war nur über ausgestellte Äcker und Wiesen zu erreichen.

Bei den Vorbereitungen zur bevorstehenden Hinrichtung wurde auf Gefangene aus dem Stockhaus zurückgegriffen, wobei unter Aufsicht des Landbaumeisters Heinrich Regenbogen (1802-1885) in drei Tagen die Anlage des Schafotts mit Treppenaufgang und dessen Umzäunung sowie eine Tribüne für das Amtspersonal zur Ausführung gelangten.[21]

Nr. 80.   **Marburg, den 8. October.**   **1864.**

Hessenzeitung.

Erscheint Mittwochs und Sonnabends. Preiß vierteljährig bei der Post 8¹/₂ Sgr., beim Verleger für Marburg und Umgegend 6¹/₂ Sgr. — Gebühr für die gespaltene Zeile einer einmaligen Einrückung 9 Hlr., einer wiederholten 6 Hlr.

Nachrichten.

Marburg, 7. Octbr. Heute in acht Tagen, Freitag den 14. d. M., wird der wegen Meuchelmords der Dorothea Wiegand zum Tode verurteilte Schuhmacher Ludwig Hilberg von Ockershausen auf dem Rabenstein bei hiesiger Stadt hingerichtet werden. Zu diesem Zweck werden Tags vorher zwei Compagnien des Leibregiments von Cassel hier eintreffen. Schon am Dienstag vor acht Tagen hatte man das zerfallene Schaffot hergerichtet und hieraus und aus anderen Umständen war das falsche Gerücht entstanden, das Todesurteil solle am darauf folgenden Freitag vollzogen werden; an diesem Tage früh Morgens hatte sich denn auch eine ziemliche Anzahl Auswärtiger und Einheimischer an der Richtstätte gesammelt. — Die letzten Hinrichtungen auf dem Rabenstein fanden vor mehr als 50 Jahren statt, indem damals, in der westfälischen Zeit, ein Teil einer Räuberbande, nemlich sieben Menschen an ein und demselben Tage dort enthauptet wurden.

Kassel. Termin für den Proceß gegen den Abg. Henkel wegen Majestätsbeleidigung ist auf den 21. d. M. festgesetzt.

Die Kammer hat am 4. (vorigen Dienstag) ihre erste Sitzung nach ihrer Wiedereinberufung gehalten. Der derjenigen der jüdischen Gemeinde mit den christlichen Bürgern der Stadt stimmten bis Mittags 12 Uhr in der ersten Klasse 96 Berechtigte, davon 89 mit Ja und 7 mit Nein; in der zweiten Klasse 105, davon 95 mit Ja und 10 mit Nein; in der dritten Klasse 67, davon 37 mit Ja und 30 mit Nein.

Die oldenburgische Statsschrift ist bereits angemeldet und soll noch in der ersten Hälfte dieses Monats der Bundesversammlung überreicht werden. Die Schrift umfaßt etwa 200 geschriebene Seiten in Folio, ohne die Anlagen.

Preußen. Die Aussichten auf Genesung des Pastors Dr. Fliedner, Vorstand der Diaconissenanstalt zu Kaiserswerth, haben sich nicht erfüllt; derselbe ist am 4. October verstorben. Seine großen Verdienste um die Liebestätigkeit in der evangelischen Kirche sind weltbekannt.

Berlin. Herr v. Ahlefeldt ist von Berlin wieder abgereist und hat nur einige Vorfragen besprochen, während weitere Verhandlungen der nächsten Zukunft, nach Beseitigung einiger Formschwierigkeiten, vorbehalten bleiben.

Der preußische Hofmaler Rabe, der in dem Gefolge des Prinzen Albrecht Vater dem Sturme auf die Düppeler Schanzen beigewohnt hat, vollendete kürzlich in hohem Auftrage ein großes Bild, das diese darstellt.

Breslau. Zu der am 30. September dahier eröff-

Hessenzeitung vom 8. Oktober 1864. Digitale Sammlung Matthias Blazek

Diese Arbeiten sorgten für Irritationen in der Bevölkerung, wie die „Hessenzeitung" in ihrer Ausgabe vom 8. Oktober 1864 zu berichten wusste: „Marburg, 7. Octbr. (…) Schon am Dienstag vor acht Tagen hatte man das zerfallene Schaffot hergerichtet und hieraus und aus anderen Umständen war das falsche Gerücht entstanden, das Todesurteil solle am darauffolgenden Freitag vollzogen werden; an diesem Tage früh Morgens hatte sich denn auch eine ziemliche Anzahl Auswärtiger und Einheimischer an der Richtstätte gesammelt."

---

[21] Kolling, Hubert, Lebens- und Arbeitsalltag der Gefangenen im Marburger „Stockhaus", in: Zeitschrift des Vereins für hessische Geschichte (ZHG), Band 108 (2003), S. 107-122.

Um die Enthauptung auf dem Rabenstein nicht in ein ausgewachsenes Volksfest ausarten zu lassen, hatten die Behörden im Vorfeld den Alkoholausschank verboten und Militär angefordert. In der „Lokomotive an der Oder" im schlesischen Oels verlautete kritisch, allerdings stark verspätet, am 15. Oktober 1864: „Kassel, 10. October. Nächsten Freitag wird die Hinrichtung eines wegen Meuchelmords zum Tode verurtheilten Schuhmachers bei Marburg, auf dem sogenannten Rabenstein stattfinden. Zu diesem Zwecke werden Tags vorher zwei Kompagnieen von hier, in der Dienststärke von 200 Mann dorthin marschiren. Es wäre auch hier an der Zeit, daß nach dieser Richtung eine bessernde Hand an unsere Gesetzgebung gelegt würde, damit ein so großer Apparat und Zurichtungen für dergleichen schauderhafte Scenen nicht mehr erforderlich werde."

(Baden.) Karlsruhe, 10. October. Seine Majestät der König von Preußen trafen heute nach 1 Uhr dahier ein und begaben Sich sofort in das Palais Ihrer Königlichen Hoheit der Frau Großherzogin Sophie, um Höchstderselben seinen Besuch abzustatten. Mit dem Zug 2 Uhr 20 Minuten kehrten Se. Majestät wieder nach Baden zurück.

Kassel, 10. October. Nächsten Freitag wird die Hinrichtung eines wegen Meuchelmords zum Tode verurtheilten Schuhmachers bei Marburg, auf dem sogenannten Rabenstein stattfinden. Zu diesem Zwecke werden Tags vorher zwei Kompagnieen von hier, in der Dienststärke von 200 Mann dorthin marschiren. Es wäre auch hier an der Zeit, daß nach dieser Richtung eine bessernde Hand an unsere Gesetzgebung gelegt würde, damit ein so großer Apparat und Zurichtungen für dergleichen schauderhafte Scenen nicht mehr erforderlich werde.

Hannover, 10. October. Die Kirchenvorstands- und Synodalordnung für die lutherische Landeskirche hat gestern die Genehmigung des Königs erhalten und wird die Promulgation des Gesetzes binnen Kurzem erfolgen. Damit ist die bisherige Konsistorialverfassung der Kirche in eine presbyteriale und synodale hinüber geleitet, wodurch zusammen mit der landesbischöflichen Gewalt und dem geistlichen Amte die Gemeinde zur Erfüllung der Aufgaben der Kirche berufen wird. Während bislang der Laienstand sich begnügen mußte, an den vermögensrechtlichen Angelegenheiten der Kirche sich zu betheiligen, ist er jetzt auch berufen, auf dem innern Gebiete zur Lösung der religiösen und sittlichen Aufgaben der Gemeinden mitzuwirken.

Die Lokomotive an der Oder vom 15. Oktober 1864. Digitale Sammlung Matthias Blazek

Am Freitag, dem 14. Oktober 1864, fand dann morgens um 8 Uhr die Hinrichtung Ludwig Hilbergs statt. Derselbe war in den letzten Tagen seines Lebens nach den Beobachtungen „ruhig und gefasst" gewesen. Er habe noch am Tag vor der Hinrichtung versichert, es sei ihm lieber, dass sein Begnadigungsgesuch abgeschlagen worden sei, er ziehe den Tod einer langjährigen Eisenstrafe vor.

Unter Glockengeläut und großer Anteilnahme der Bevölkerung führte schließlich sein letzter Weg aus dem Kerker, dem so genannten weißen Turm (Hexenturm) des Kriminalgefängnisses auf dem Schloss zu Marburg, hinauf zur Marburger Richtstätte. Begleitet wurde er vom Pfarrer an der Straf-Anstalt zu Marburg, Conrad Wille, und dem Subdiakon Wilhelm Kolbe.

Ludwig Justi hielt einige aufschlussreiche Momente mittels Federzeichnung auf Papier fest – eine zeitgenössische Darstellung von unbeschreiblichem Wert.

Ludwig Justi (1840-1920) zeichnet Scharfrichter Christian Schwarz als korpulente Person, düster und hager hingegen wirkt sein Helfer (dort mit falscher Datumsangabe): „Helfer des Scharfrichters Schwarz bei der Hinrichtung des Hilberg am 13. Oct. 64." Justi, Enkelsohn des Superintendenten Karl Wilhelm Justi (1767-1846), signierte mit „L. Justi fec." (fecit = hat es gemacht). Hessisches Staatsarchiv Marburg, Bestand 340 Justi Nr. 641

Der Schuhmacher Ludwig Hilberg wahrte bis zuletzt die Contenance. Festen Schrittes und ruhig bestieg er das Schafott. Dort wurde er dann in einen speziellen Stuhl fixiert.

Die „Hessenzeitung" in Marburg berichtete am darauffolgenden Tag in ihren Nachrichten von dem traurigen Akt:

„Marburg, 14. Oktober. Heute Morgen um 8 Uhr fand die Hinrichtung des wegen Ermordung der Dorothea Wiegand zum Tode verurteilten Ludwig Hilberg aus Ockershausen auf dem Rabenstein bei Weidenhausen statt. Schon früh Morgens, noch vor Tagesanbruch, durchzogen Massen von Landleuten aus den näher und entfernter gelegenen Orten die Straßen unserer Stadt, um die Execution mit anzusehen. Gestern Abend hatte noch der letzte Bahnzug manchen Fremden aus der Ferne hierhergeführt. Nachdem heute frühe durch die Reveille das aus Kassel gestern hier angelangte Militär (zwei Compagnien vom Leibregiment) unter das Gewehr gerufen war, teilte sich die immer noch durch zahlreiche Zu-

28

züge anwachsende Menge, indem die Einen dem Militair nach dem Amtsgefängnis folgten, die Anderen sogleich nach der 20 Minuten von hier nicht weit vom Hansehaus gelegenen Richtstätte eilten. Diese harrende Menge betrachtete sich indessen das Schaffot und den Richtstuhl (ein einfacher Stuhl mit niederem Rücken und Armlehnen). Ein Wagen mit einem viereckigen Kasten stand schon um 6 Uhr neben der Richtstätte bereit zur Aufnahme des Leichnams. Endlich um 7 Uhr kündigte Glockengeläute den Abgang des Delinquenten aus der Stadt an. Mittlerweile traf eine Militärabteilung an dem Richtplatz ein und stellte sich um das Schaffot in einem Kreiße auf. Fortwährend ertönte Glockengeläute, und dieser ernste Klang, der in der klaren Luft des sonnigen Herbstmorgens zu dem Berge herübergetragen wurde, mußte bei der eigentümlich ängstlichen Spannung, welche durch die Erwartung der bevorstehenden Hinrichtung hervorgerufen wurde, Gedanken und Gefühle erwecken, wie man sie sonst nicht kennt. Man nehme dazu die von allen Seiten drängende, aus gewis 8000 Menschen bestehende Zuschauermenge, die durch die verschiedensten Aeußerungen bald Mitgefühl, bald Rohheit und herzlose Selbstgerechtigkeit an den Tag legte. Ein plötzliches „Er kommt" kündigte die Ankunft des Verurteilten an. Mit einem weißen, schwarz eingefaßten Todengewande und eben solcher Mütze bekleidet, saß er auf dem Leiterwagen und ihm gegenüber zwei Geistliche im Ornat, nemlich Pfarrer Wille und Pfarrer Kolbe von hier. Vor und hinter dem Wagen zog eine Militär=Escorte und dann folgte eine Chaise, in welcher sich das Gerichtspersonal befand. In dieser Ordnung hatte sich der Zug, welchem eine große Menschenmasse gefolgt war, von der Barfüßerstraße aus durch die Untergaße und Weidenhausen und alsdann die Straße den Kappeler Herg [gemeint ist Kappeler Berg] hinauf bewegt. Bald nach der Ankunft bestieg unter Begleitung der Pfarrer und der Gerichtpersonen der ganz erbleichte Delinquent das Schaffot, wo der aus dem Hannöverschen requirierte Scharfrichter mit zwei Henkersknechten seiner bereits harrte. Lautlose Stille herrschte. Nachdem Pfarrer Kolbe eine kurze Ansprache an Hilberg gerichtet, knieten die beiden Geistlichen mit ihm nieder und Pfarrer Kolbe sprach mit lauter Stimme im Namen des Verbrechers ein ergreifendes Gebet um Sündenvergebung, insbesondere um Vergebung der Mordtat. Nun erhob sich Pfarrer Kolbe und erteilte, nachdem Hilberg die an ihn gerichteten Fragen bejaht hatte, ihm die Absolution und darauf sprach Pfarrer Wille ein Dankgebet. Jetzt ward Hilberg den Händen der Henkersknechte übergeben und die eigentliche Execution vollzogen. Mit Riemen an den an einem Pfahl befestigten Richtstuhl gebunden, und entblößtem Nacken und verbundenen Augen erwartete der arme Sünder der Todesstreich, welcher sofort, während Pfarrer Kolbe das Vater Unser betete, unter einem fast allgemeinen „Ach" der umstehenden Menge das Haupt vom Rumpfe trennte. – Der Hinrichtung wohnten gerichtsseitig Amtsactuar Henckel und Actuar Pfeiffer von hier bei.

Hilberg hat den Tod erlitten als Strafe seines Verbrechens, aber man darf die tröstliche Gewisheit haben, daß er in Buße und Glauben aus diesem Leben geschieden ist. – "

„Hinrichtung des Mörders Hilberg aus Ockershausen durch den Scharfrichter Schwarz auf dem Rabenstein am 14. October 64." Stehend, rechts: Amts-Assessor Henckel. Ludwig Justi signierte auch hier mit „L. Justi fec.", die Zeichnung fertigte er am 15. Oktober 1869 an. Hessisches Staatsarchiv Marburg, Bestand 340 Justi Nr. 641

In der „Mittelfränkischen Zeitung" in Nürnberg wurde am 16. Oktober 1864 über das traurige Ereignis berichtet: „Marburg, 14. Okt. Eine ungeheure Menschenmenge, meistens Landleute der näheren und nächsten Umgebung, hatte sich im Laufe der Nacht und mit einbrechendem Tage hier eingefunden, um den wegen Meuchelmordes der Dorothea Wigand zum Tode verurtheilten Schuhmacher Ludwig Hilberg von Ackershausen (sic!) hinrichten zu sehen. Morgens Punkt 8 Uhr langte der Verurtheilte, der sich ziemlich gefaßt benahm, auf dem am sogenannten Rabenstein bei Marburg errichteten Schaffote an und kaum zwei Minuten darauf war der irdischen Gerechtigkeit durch den Scharfrichter Schwarz aus Hannover vermittels des Schwertes Genüge gethan. Die Gleichgiltigkeit, ja Rohheit der versammelten Menge war groß und hat abermals den Beweis geliefert, wie unwirksam dieses sogenannte Abschreckungssystem ist."

„Die Bedeutung einer öffentlichen Hinrichtung für die Menge, die ihr beiwohnte, kann nicht auf dem normalen Weg historischer Analyse erhellt werden, z. B. mit direkten Beweisen, Äußerungen oder Zitaten: in dieser Hinsicht blieb die Volksmenge stumm", schreibt 1984 der Historiker Heinz Reif in seinem Buch „Räuber, Volk und Obrigkeit".

Die genannten, gerichtsseitig zur Mitwirkung verpflichteten Personen waren Amts-Assessor Daniel Leander Henckel und Aktuar Georg Ludwig Pfeiffer, die beide in dem auch für Ockershausen zuständigen Justizamt I zu Marburg arbeiteten.[22] Die Anwesenheit dieser beiden Gerichtspersonen war im kurhessischen Landesrecht vorgeschrieben. Im damals noch immer rechtsgültigen Ausschreiben der Regierung zu Kassel vom 12. September 1816 heißt es zum ordnungsgemäßen Ablauf der Hinrichtung:

„Die früher hinsichtlich der Vollziehung der von Civilgerichten ertheilten Todesurtheile bestandenen Formen sind durch landesherrlichen Beschluß vom 4. Okt. 1826 dahin abgeändert, daß ein s. g. hochnothpeinliches Halsgericht nicht mehr gehegt, der Inquisit am Tage der Hinrichtung, Morgens, in weißleinenem Kleide mit schwarzen Schleifen, weiß-baumwollener Mütze mit schwarzer Umfassung, auf einem gewöhnlichen Leiterwagen, auf welchem eine Vorrichtung zum Sitzen angebracht worden ist, in Begleitung der mit seiner Vorbereitung zum Tode beauftragten Prediger und unter Gendarmerie-Bedeckung auf den Richtplatz geführt, und am Schaffot von dem mit der Leitung der Execution beauftragten Gerichtsbeamten nebst einem Aktuar empfangen wird. Auf dem Schaffot verrichten die Prediger mit dem Inquisiten ein kurzes Gebet, und darauf wird die Hinrichtung vollzogen. Über den ganzen Vorgang nehmen die Gerichtspersonen ein umständliches Protokoll auf."[23]

Der Scharfrichter Christian Schwarz (1793-1867) war bereits in die Jahre gekommen. Er hatte zuletzt einige Jahre vorher, am 11. Januar 1861 in Hanau, den Mörder Heinrich Nolte (1816-1861) enthauptet.

Christian Schwarz war der letzte in Hannover ansässige Scharfrichter. Er war in ganz Norddeutschland bekannt und berüchtigt, sein Ruf als einer der „Besten" machte die öffentlich abgehaltenen Hinrichtungen zum Beispiel in Hannover, Clausthal oder Göttingen zu regelrechten Volksfesten mit Aufläufen von bis zu 20.000 Menschen. Abschreckend, wie von der Obrigkeit gedacht, haben diese öffentlichen Hinrichtungen nicht gewirkt.

Von Christian Schwarz ist noch so manches bis in die heutige Zeit erhalten geblieben. Es gibt ein Porträtfoto, Bescheinigungen für gute Leistungen, eine Zeichnung von Ludwig Hilberg und Scharfrichter Schwarz nebst Gehilfen auf der Marburger Richtstätte, selbst sein Richtschwert mit seinen eindrucksvollen Gravuren ist noch vorhanden, ebenso sein Grabkreuz. Auch von Hilbergs seelsorgerischem Beistand, Pfarrer Wilhelm Kolbe, der 1856 als Subdiakon der lutherischen Gemeinde nach Marburg berufen worden war, gibt es ein Porträtfoto.

---

[22] Daniel Leander Henckel ging bald darauf als Justizbeamter nach Naumburg, wo er im November 1867 zum Amtsrichter am Amtsgericht Naumburg (Kreis Wolfhagen) ernannt wurde. Im Amtsblatt der Königlichen Regierung zu Kassel vom 8. Juni 1870 wurde sein Tod verkündet.

[23] Heuser, Otto Ludwig, Systematisches Handbuch des Kurhessischen Straf- und Polizei-Rechtes mit Einschluß der noch gültigen Strafbestimmungen des älteren Fuldaer, Hanauer, Mainzer, Isenburger und Schaumburger Rechtes und der Praxis des Ober-Appellations-Gerichtes u.s.w., Theodor Fischer, Kassel 1853, S. 30.

Es wurde nicht ausgesprochen, die Archivalien nennen es aber beim Wort: Zuschauer wollten fließendes Blut des Geköpften trinken. Das Blut eines nicht natürlichen Todes gestorbenen Menschen wurde nämlich stets für heilkräftig gehalten; besonders das Blut von Hingerichteten hätte diese Eigenschaft besessen. So drängten sich einige aus dem Publikum nach vorn, um von Hilbergs Blut zu trinken.

Und es gab noch eine weitere Unregelmäßigkeit, in deren Folge eine Untersuchung gegen den Kommandeur des Kasseler Exekutionskommandos, Oberstleutnant Bode, vorgenommen wurde. Die Vorhaltungen: Verweigerung der Zulassung von Ärzten, die während der Hinrichtung Studien vornehmen wollten, und Abmarsch vor der Einsargung der Leiche.[24]

Die letzten Hinrichtungen an Ort und Stelle hatten bereits mehrere Jahrzehnte zurückgelegen. Am 3. Juli 1795 wurde in Marburg laut einem ausführlichen Bericht im „Salzburger Intelligenzblatt" „vor vielen tausend Zuschauern" der 37 Jahre alte Johannes Immel aus Erxdorf enthauptet, „den Eigennutz und heftige Leidenschaft zum Morde eines Juden verleitet hatten". Unmittelbar nach dem traurigen Akt ließ damals ein Landmann sein Kind, „das mit der fallenden Sucht befallen war", um diese dadurch zu heilen, vom Blut des Hingerichteten trinken.

Zu Beginn des 19. Jahrhunderts wurde der Galgen am Rabenstein „am Kaff" abgebrochen. Steckbriefe gegen Räuberbanden kamen damals in Umlauf. Eine Räuber- und Diebsbande, die sich mit ihren Hehlern auf 41 Köpfe belief, wurde im Oktober 1812 eingebracht, ihr Prozess währte vom 27. Oktober bis 11. November. Da für die Zeugen, meist Landsleute, und das Publikum kein Lokal groß genug schien, fanden die Verhandlungen vor dem Kriminalgericht des Fuldadepartements im weißen Saal des alten Schlosses statt.[25]

Ende 1812 fanden noch einmal sieben Hinrichtungen durch Enthauptung für Männer statt wegen Raub und Bandendiebstahl. Das „Verzeichniß der in neueren Zeiten hingerichteten oder sonst mit Tode abgegangenen Gauner" in den „Aktenmäßigen Nachrichten von dem Gauner- und Vagabunden-Gesindel" des führenden kurhessischen Kriminalisten, Carl Philipp Theodor Schwenken (1785-1847), nennt in alphabetischer Folge eine ganze Reihe von Personen, die im Zeitraum 1807-1813 in Marburg (und vielen anderen Orten in Hessen, wie Darmstadt, Gießen, Heidelberg, Kassel, Offenbach und Wiesbaden), als Marburg dem Königreich Westphalen (Werradepartement) einverleibt war, mittels Strang oder Schwert hingerichtet wurden, wenn sie nicht bereits vorher in der Kerkerhaft oder bei den Verhören verstorben waren: 2. April 1807 (Galgen): Abraham Meyer („Hampel hol mich"), 1808 (Schwert): Johannes Eberling und Jacob Ruhwedel sowie Joseph Schmitt, 14. Oktober 1811 (Schwert): Bernhard Wiese, Christoph Balzer, Heinrich Weitzel, Johannes Kallermann/Keller (Stumpfhannes oder Stumpfarm), Johannes Rückershäuser und Johannes Pfeffer (vgl. „Nachricht von einigen Versuchen an Enthaupteten, die Irritabilitäts-

---

[24] Hessisches Staatsarchiv Marburg, Bestand 12 Nr. a 472.

[25] Kleinschmidt, Arthur, Geschichte des Königreichs Westfalen, Friedrich Andreas Perthes, Gotha 1893, S. 524.

Verhältnisse betreffend" von Prof. Dr. Ernst Daniel August Bartels), Januar 1812 (Schwert): Johannes Müller (Grabenschneider, auch Berklaer Schneider), Vater von sieben Kindern, 6. April 1812 (Schwert): Barthel von der Belte (Müller Barthel), Dezember 1812: Philipp Günterberg (der Erkelsche Schuster) und Hermann Kreutz, 1. Februar 1813 (Schwert): Gilbert Eller, Conrad Wiese (roter Conrad), Abraham Moses Levi (Gäul-Afrömchen),

Zurück zu den Ereignissen vom Oktober 1864.

Bei den Leichen von Zucht- und Stockhausgefangenen, Selbstmördern und Hingerichteten war damals die Abgabe an die Marburger Anatomie, wo notorischer Leichenmangel herrschte, vorgeschriebene Praxis. Das Marburger Anatomische Institut war unter Christian Heinrich Bünger (1782-1842) errichtet worden und profitierte üblicherweise von der Abgabe der Leichen der Zucht- und Stockhausgefangenen, um dort für die „Zergliederungskunst" zur Verfügung zu stehen.

In dem bereits zitierten Ausschreiben der Regierung zu Kassel vom 12. September 1816 heißt es: „Der Leichnam eines hingerichteten Missethäters wird in den Monaten Januar, Februar, März, Oktober, November, December an die Anatomie zu Marburg abgeliefert, außerdem am Orte der Hinrichtung beerdigt."[26]

DAS ANATOMISCHE INSTITUT ZU MARBURG

Die Anatomie in Marburg. Aus: Dietrich Weintraut, Erinnerung an Marburg und seine Umgebungen, N. G. Elwert, Marburg 1861. Digitale Sammlung Blazek

Damals (um 1860) gab es die von dem Anatom und Hirnforscher Franz Joseph Gall (1758-1828) eingeführte wissenschaftliche Fachrichtung der Phrenologie, bei der die Forscher anhand der Physiognomie des Schädels Rückschlüsse auf

---

[26] Heuser, wie oben, S. 30. Der Verfasser, Oberappellationsgerichtssekretär Heuser, fügt einleitend hinzu, „daß von den Civilgerichten — im Gegensatz zu den Militairgerichten — in den geeigneten Fällen, wo eine Todesstrafe ausgesprochen werden muß, nur noch auf einfache Hinrichtung mit dem Schwert erkannt wird".

die persönlichen Charakterzüge oder intellektuellen Fähigkeiten ziehen sollten. In der 16. öffentlichen Sitzung der kurhessischen Ständeversammlung am 20. Mai 1864 in Kassel äußerten sich der Landtagskommissar und Staatsprokurator in Kassel Daniel Georg Ludwig Moeli (1817-1894) und das Ständeversammlungsmitglied Regierungsrat Eduard Wiegand (1815-1877) zu diesem Thema. Dank der stenographischen Mitschrift sind die Äußerungen bis ins Kleinste der Nachwelt erhalten geblieben.

Wiegand sagte: „In Beziehung auf die Hingerichtete, steht soviel fest, daß, wenn der Hingerichtete nicht auf das Rad geflochten wird, der Leichnam in die Anatomie kommt." Landtagskommissar Moeli erwiderte: „Was die Beerdigung der Hingerichteten betrifft, so wird allerdings regelmäßig der Leichnam an die Anatomie abgegeben, das kann aber in den heißen Monaten nicht immer geschehen, und für diesen Fall war die gesetzliche Bestimmung getroffen, daß der Leichnam unter dem Schaffot begraben werden soll."

Nach dem traurigen Akt erschienen drei kleine Schriften, die sich mit dem Mord und seiner Sühne befassten. Das waren im Einzelnen:

„Das Ende des am 14. October 1864 auf dem Rabensteine bei Marburg durch das Schwert enthaupteten Ludwig Hilberg aus Ockershausen / berichtet von W. Kolbe, Pfarrer zu Marburg" (Elwertsche Universitäts-Buchhandlung, Marburg 1864, 4. Auflage = Marburg 1865, 22 Seiten, Preis: 1½ Silbergroschen) – „Ein bedeutungsvoller Mahn- und Weckruf an alle sicheren und unbußfertigen Sünder und darum allen Seelsorgern zur Verbreitung in den Gemeinden sehr zu empfehlen. Zugleich werden durch diesen authentischen Bericht viele cursierende Unwahrheiten, die sich an dieses Ereignis knüpfen, widerlegt."

„Ein neues Lied von der schröcklichen Mordthat, verübt durch den Schuster Ludwig, genannt Hettches, von Ockershausen an der Dorothea Wigand, genannt Hinkel, ebendaher, auf dem Dammelsberg bei Marburg: und wie derselbe der That überführet und in wohlverdienter Weise mit dem Schwert vom Leben zum Tode gebracht worden ist" (Verlag von Oscar Ehrhardt's Universitäts-Buchhandlung, in Kommission 1864).

Hessenzeitung, Marburg, 28. Dezember 1864. Digitale Sammlung Blazek

W. Kolbe, „Das Ende des 1864 enthaupteten L. Hilberg aus Ockershausen, Marburg 1864". Beigebunden: „Stenographischer Bericht der schwurgerichtlichen Verhandlungen — Ludwig Hilberg, sein Leben und seine That, dargestellt in einem Gedicht — Ein neues Lied von der schrecklichen Mordthat, verübt durch den Schuster L. Hilberg auf dem Dameneisberg — Ludwig Hilberg, der berüchtigte Mädchenmörder aus Ockershausen. Schauergedicht (sic!) in 4 Gesängen." (in einem Katalog als in einem Band vereinigt angezeigt)

F. K.: „Ludwig Hilberg, der berüchtigte Mädchen-Mörder aus Ockershausen: oder: Die bestrafte Schandthat: romantisch-tragisches Schauergedicht in vier Gesängen", 1864 (4 Seiten)

Die Strafsache gegen Ludwig Hilberg von Ockershausen wegen Ermordung der Dorothea Wiegand gelangte unter dieser Überschrift 1865 in die „Annalen der Justiz und Verwaltung in Kurhessen". Einleitend heißt es dort: „Die oben bezeichnete Strafsache hat ein außergewöhnliches Interesse erregt, nicht allein im größeren Publikum wegen der Schwere der begangenen That und der persönlichen Beziehungen des Mörders zur Ermordeten, sondern auch insbesondere bei den Juristen wegen des durch die mühsame und gründliche Voruntersuchung erbrachten Indicienbeweises, wie ein solcher in einer so überzeugenden Vollständigkeit — des hartnäckigen Leugnens des Angeklagten ungeachtet — nur selten vorkommt."

Am 21. Oktober 1864, genau sieben Tage nach Ludwig Hilberg, wurde die Hefehändlerin Marie Rosine Strauß aus Leiningen im Thüringer Vogtland wegen Mordes von Scharfrichter Emil Hamel in Greiz-Dölau mit dem Beil enthauptet. Ihr gebührt die zweifelhafte Ehre, als letzte Person in Deutschland öffentlich hingerichtet worden zu sein. Das ist aber eine andere Geschichte, auf die der Verfasser an anderer Stelle näher eingehen wird.

Es sollte nach den Ereignissen von 1864 noch ganze 20 Jahre dauern, bis in Marburg wieder ein spektakulärer Gerichtsprozess stattfand. Vor dem Marburger Landgericht fand im Oktober 1884 ein Prozess wegen Totschlags statt. Dort war der Ackermann Konrad Hedderich aus Roßberg im Kreis Marburg angeklagt, das vermögende alte jüdische Ehepaar Wolf getötet zu haben. Ihm wurde vorgeworfen, in der Nacht vom 2. zum 3. März 1884 in einer Gasse im mittelhessischen Nordeck, ebenfalls Kreis Marburg, das Ehepaar Wolf, „gebrechlich, jedoch wohlhabende Israeliten", ermordet zu haben – aus Rache, wie allgemein behauptet wurde. Im Herbst 1883 hatte der jüdische Bodenaufkäufer Salomon Wolf demnach in Nordeck den ehemals wohlhabenden Landwirt Hedderich um Haus und Hof gebracht. In der Nacht, die der Zwangsversteigerung folgte, wurde der Jude, mit dem Hedderich in der Vergangenheit schon mehrfach aneinandergeraten war, erschlagen. Vertreten wurde der der Tat verdächtige Landwirt Hedderich von dem 58-jährigen Rechtsanwalt Justizrat Dr. Karl Grimm (1826-1893). Am Ende wurde Konrad Hedderich vom Marburger „Königlichen Landgericht" aus Mangel an Beweisen freigesprochen.[27]

---

[27] Hessisches Staatsarchiv Marburg, 269 Marburg, 84, 270 Marburg, 250 und 251. Vgl. Klein, Thomas, Der preußisch-deutsche Konservatismus und die Entstehung des politischen Antisemitismus in Hessen-Kassel (1866-1893) – Ein Beitrag zur hessischen Parteiengeschichte, Elwert, Marburg 1995, S. 133. Zunächst hatte im Kreis-Amtsblatt für den Ober-Lahn-Kreis (Weilburg) am 7. März 1884 verlautet: „Marburg. 3. März, heute Morgen traf die Nachricht

Von Mitte Januar bis Mitte Juni 1868 herrschte in Ockershausen eine Epidemie von exanthematischem Typhus (Typhus mit krankhaften Hautveränderungen). Man ging davon aus, dass die Keime der Krankheit von slowakischen Mausefallenhändlern von Nordhausen aus, wo die Krankheit damals über 300 Personen befallen hatte, auf dem Weg in Richtung Süddeutschland, wo sie überall übernachteten, ausgestreut wurden. In Ockershausen nannte man die dort noch unbekannte Krankheit „Slowakenkrankheit". Sie wurde zur epidemischen Krankheit mit 33 Fällen.[28]

Die Richtstätte am Rabenstein bei Marburg erhielt 1907 durch den 1868 gegründeten Marburger Verschönerungsverein unter seinem damaligen Vorsitz von Otto Binder die Gestaltung als reizvoller Aussichtspunkt.

Der Rabenstein im Hansenhausviertel in Marburg. Wikipedia/gemeinfrei

---

hier ein, daß vergangene Nacht im Dorfe Nordeck (Kr. Marburg) S. Wolf und Frau ermordet wurden. Die Wolfschen Eheleute waren gebrechliche alte, jedoch wohlhabende Israeliten. Wie wir hören, hat sich der Erste Staatsanwalt, Herr Bertram, bereits heute Vormittag nach Nordeck begeben."

[28] Müller, Ferdinand, Ueber Typhus exanthematicus, A. Neuenhahn, Jena 1868, S. 4.

Archivalien:

Hessisches Staatsarchiv Marburg, Bestand 268 Marburg Nr. 29: Untersuchung gegen den Auszüger Johann Hilberg und dessen Schwiegertochter, die Witwe seines Sohnes Peter Hilberg, Anna Katharina, geb. Spies, zur Etzelmühle bei Damm wegen Blutschande (1863-1867)

Hessisches Staatsarchiv Marburg, 266 Marburg, 115-119: Untersuchung gegen den Schuhmacher Ludwig Hilberg aus Ockershausen wegen Ermordung der ebenfalls von dort stammenden Dorothea Wiegand im Dammelsberg, sowie dessen Hinrichtung, Band 1-5 (1861-1865)

Hessisches Staatsarchiv Marburg, Karten, P II 16157: Plan bzw. Handriss über einen Teil der Umgebung von Marburg und Ockershausen mit dem Wege nach Cyriaxweimar und Haddamshausen zur Untersuchungssache wider Ludwig Hilberg zu Ockershausen wegen Mordes, 1864, Blatt 1 = Originalzeichnung; Blatt 2-6 = Lithographie von Blatt 1, Lithographische Anstalt von Phil. Stier, Hirschberg 256, Marburg

Stadtarchiv Marburg, N 1, 1619: Hilberg, Ludwig: Materialsammlung über den Mord am Dammelsberg durch Ludwig Hilberg am 9. September 1861 (1936)

Stadtarchiv Marburg, S 4 SM, 65: Zur Untersuchungssache wider Ludwig Hilberg wegen Mordes: Lageplan von Ockershausen und vom Rotenberg (Kopien, 2. Hälfte 19. Jh.)

Stadtarchiv Marburg, S 4 SM, 1577: Das Ende des am 14. October 1864 auf dem Rabensteine bei Marburg durch das Schwert enthaupteten Ludwig Hilberg aus Ockershausen / berichtet von W. Kolbe, Pfarrer zu Marburg, Elwertsche Universitäts-Buchhandlung, Marburg 1864 (Kopie)

Stadtarchiv Marburg, MR, N 1, 1814: Korrekturexemplar von „Der letzte Rabensteiner": Der Mord am 9. September 1861 und seine Sühne 1864, von Hermann Bauer

Hessisches Staatsarchiv Marburg, Bestand 340 Justi Nr. 641: Sammelband mit überwiegend chronologisch eingeklebten Zeichnungen von der Hand von Ludwig Justi (1840-1920), überwiegend Personen (1845-)1910, darin: Zeichnungen nach der Natur, insb. Personen und Geschehnisse, u.a. Ludwig Hilberg, Scharfrichter Schwarz und sein Gehilfe, Hinrichtung des Ludwig Hilberg, 1864

Literatur:

Schwurgerichtsverhandlungen gegen den Mörder Ludwig Hilberg; Gedichte, seine That u. Hinrichtung betreffend; und: Kolbe, das Ende des x. Hilberg. Marburg 1864. 8. Pp. (Sammelband in 4). Verzeichniss der von Dr. A. F. C. Vilmar in Marburg, weil. Prof. der Theologie, Consistorialrath etc. hinterlassenen werthvollen Bibliothek u. Autographen-Sammlung, Nr. 3854, Bücher-Auktion am 1. und 2. März 1869 im Karl Theodor Völcker's Verlag und Antiquariat in Frankfurt am Main

Hermann Bauer: Der letzte Rabensteiner. Der Mord am 9. September 1861 und seine Sühne am 14. Oktober 1864, in: Marburger Spiegel (Sonderdruck), Marburg o. J. (1950). Wieder abgedruckt in: Hermann Bauer: Alt-Marburger Geschichten und Gestalten (Marburger Stadtschriften zur Geschichte und Kultur 20), Marburg 1986, S. 175-196

Wilhelm Bücking, Mitteilungen aus Marburgs Vorzeit, Marburg 1886

Walter Kürschner, Geschichte der Stadt Marburg, Marburg 1934

Marita Metz-Becker: Der verwaltete Körper: Die Medikalisierung schwangerer Frauen in den Gebärhäusern des frühen 19. Jahrhunderts, Frankfurt am Main 1997, S. 252

„Frauenmord am Marburger Dammelsberg", in: Schwarz, Martin M.; Sonnenschein, Ulrich (Hrsg.), Hessen kriminell: Orte des Verbrechens in Hessen, Jonas Verlag, Marburg 1999, S. 111-115

Randnotiz:

Ludwig Hilberg litt in der Jugend einmal für kurze Zeit unter der Gürtelrose (Herpes Zoster), einer schmerzhaften Viruserkrankung. Als Elfjähriger wurde er daher für zwei Wochen stationär im Krankenhaus aufgenommen. Professor Carl Friedrich Heusinger (1792-1883) in Marburg griff einige Fallbeispiele auf und ließ sie unter der Überschrift „Berichtigung, betreffend den Herpes Zoster" in die „Deutsche Klinik-Zeitung für Beobachtungen aus deutschen Kliniken" einfließen:[29]

„I. (Von Dr. Wild.) Den 24. März 1849. L. Wilberg, aus Ockershausen, 11 Jahre alt, klagt über schmerzhaften Ausschlag am Halse. Von der Mitte der Dornfortsätze der oberen Halswirbel geht ein etwa 2 Finger breiter, mit Gruppen von Herpesbläschen besetzter, rother Streifen um die linke Seite des Halses bis vorn in die Mittellinie auf der Cartilago thyreoidea; die untere Fläche des Unterkiefers enthält auch Bläschengruppen, aber keines verläuft über den Rand desselben in das Gesicht. Dagegen setzt sich ein mit Bläschengruppen besetzter, rother Streifen am vorderen Rande des Sternocleidomastoideus bis auf die Clavicula fort; ein zweiter Streifen geht von dem Gürtel zwischen Cucullaris und Sternocleidomastoideus ebenfalls abwärts bis über die Clavicula. Hinter dem Ohre steigt ein Streifen von Bläschengruppen in die Höhe bis in den behaarten Theil des Kopfes. An der hinteren Fläche des Ohrläppchens befindet sich eine Gruppe von 5 Bläschen. (Der Verlauf war sehr schnell und gutartig, schon den 8. April wurde er geheilt entlassen.)"

---

[29] Heusinger, Carl Friedrich, „Berichtigung, betreffend den Herpes Zoster", in: Deutsche Klinik-Zeitung für Beobachtungen aus deutschen Kliniken, Georg Reimer, Berlin 1852, S. 351.

Christian Schwarz (1793-1867), Scharfrichter aus Groß Rhüden

Christian Schwarz war der letzte in Hannover ansässige Scharfrichter, er lebte von 1793 bis 1867. Für Preußen war er nicht mehr tätig. An seine Stelle traten später auswärtige Herren und die Guillotine.

Scharfrichter Christian Schwarz. Repro: Dietrich Alsdorf

Christian Schwarz aus Groß Rhüden (jetzt Landkreis Goslar) übte einen „unehrlichen" Beruf aus. Er hatte seinen Lebensmittelpunkt und seinen Arbeitsplatz in Hannover ab dem Jahr 1844. Schwarz, der von hünenhafter Gestalt und gegen 1,95 Meter groß gewesen sein soll, wurde am 18. Mai 1793 in Seesen geboren und auf den Namen *Johann Christian Schwarz* getauft, wo sein Vater Georg Thomas Schwarz (auch Schwarze), verehelicht mit Eleonore Seifert, das Nachrichteramt innehatte. Väterlicherseits vermutlich Tiroler Herkunft.[30]

---

[30] Lebensdaten von Schwarz entnommen aus: Brücher, Erich, **Rentner Nolte** – Eine kurhessische Kriminalaffäre um die Ermordung der Emilie Lotheisen, 1859: die letzte Hanauer Hinrichtung, Heimatverein Bad Nauheim (Hrsg.), Bad Nauheim 1964, S. 105-109. Gegen Ende des 19. Jahrhunderts ist der Name des württembergischen Scharfrichters Schwarz überliefert. Am 30. Juli 1862 in den frühen Morgenstunden wurde die zum Tode durch das Schwert verurteilte Barbara Schweizer durch den Scharfrichter des Jagstkreises aus Öhringen mit Namen Schwarz hingerichtet (Staatsarchiv Ludwigsburg E 342 Bü 17).

Das im Jahr 1663 in Solingen geschmiedete Richtschwert, mit dem über die Jahrzehnte wohl um die 300 Enthauptungen vorgenommen wurden, wurde von Generation zu Generation weitergereicht, zuletzt auch in der Schwarzschen Scharfrichterdynastie. Großvater Johann Heinrich Schwarz übergab es an seinen Sohn Georg Thomas und der wiederum an den letzten Scharfrichter der Sippe, Christian Schwarz.

Das etwa 2,7 Kilogramm schwere Schwert hat eine Gesamtlänge von 105,5 Zentimetern. Die Klinge misst allein dabei eine Länge von 82 und das Griffstück von 22,5 Zentimetern. Vom Griff bis zum Abschluss hat die Klinge eine Breite von fünf Zentimetern. Die zweischneidige, flache Klinge hat keine Spitze, sondern einen leicht abgerundeten Abschluss. Dieser Abschluss wird als „Ort" bezeichnet. Schon seit dem frühen Mittelalter weisen Schwerter eine Hohlkehle auf, die das Klingengewicht verringern sollte. Fälschlicherweise wird sie als „Blutrinne" bezeichnet. Diese wurde jedoch nicht dazu entwickelt, um das Blut ablaufen zu lassen. Die Hohlkehle hat hier eine Länge von 22,5 Zentimetern und eine Breite von etwa zwei Zentimetern.

Das Kreuz, auch als Parierstange bezeichnet, wurde auf die Schwertangel aufgesteckt und diente als Handschutz. Hinter dem Kreuz wurde das Griffstück angebracht. Seit der Renaissance sind mit Silber- oder Eisendraht umwickelte Schwertgriffe bekannt. Den Schwertbeginn bildet der Knauf, auch Knopf genannt.

Viele Schwerter tragen Inschriften, die direkt auf den Zweck derselben hinweisen, manche nur Namen oder Initialen oder sinnlose Worte, die als „Schwertsegen" aufzufassen sind. Das Schwarzsche Richtschwert trägt auf der Klinge die Inschriften „thue Recht undt schewe nimandt" als Sinnspruch und (in der Hohlkehle) „Peter Munich MDCLXIII Solingen". In Solingen sind in der Mitte des 17. Jahrhunderts zwei Klingenschmiede des Namens Peter Munich (Munch, Münick, Mönch), wahrscheinlich Vater und Sohn, nachweisbar. Der jüngere von beiden muss sehr angesehen gewesen sein und ist um 1649/50 Bürgermeister der Stadt Solingen gewesen. Sein Zeichen war ein Bischofshaupt. Der österreichische Offizier der k.u.k. Armee Wendelin Boeheim („Meister der Waffenschmiedekunst", Berlin 1897) gibt als Munichs Wirkungszeitraum 1595 bis 1660 an. Munichs Klingen, von gutem zähem Material, besitzen alle die kräftige Form, welche bei älteren Solingern charakteristisch ist und die ihr Vorbild in den Passauerklingen gefunden hat. Solingen war damals eine Hochburg der Waffenschmiede.

Auf der Parierstange sind die eingravierten Initialen F. G. T. zu erkennen, vermutlich die Initialen eines früheren Scharfrichters.

Die Anweisung für die Scharfrichter zum Ausüben der Enthauptung umfasste 1844 noch 15 Vorschriften, zum Beispiel für die Fesselung, die Art und Maße des Stuhls, selbst wie der Scharfrichter die Füße zu stellen und wie er den Hieb auszuführen hatte. Das Richtschwert hatte vier Fuß lang und vier Zoll breit zu sein und musste ein Gewicht von fünf Pfund haben.

Das Schwert von Scharfrichter Schwarz. Fotos: Corinna Kolf

Die Enthauptung wurde mit dem beidhändig geführten Richtschwert vollzogen. Der Scharfrichter führte den Schwertstreich seitlich hinter dem Richtstuhl stehend; meist wurde von rechts zugeschlagen, die hannoversche Instruktion von 1844 machte das Zuschlagen von links zur Vorschrift. Der abgehauene Kopf musste auf Anordnung des Gerichts sehr häufig auf einen Pfahl, auch wohl auf den Querbalken des Galgens genagelt werden. In der von dem königlich hannoverschen Obermedizinalrat Conrad Johann Martin Langenbeck (1776-1851), Ordinarius für Anatomie und Chirurgie in Göttingen, entworfenen Anleitung zum genauen Prozedere sowie zum Verhalten des Scharfrichters während einer Enthauptung heißt es unter anderem:

*„Anweisung für Scharfrichter über das
Verfahren bei Enthauptungen.*

*1. Der Hinzurichtende muß auf einem Stuhle mit einem aus Latten bestehenden
Sitze, mit Armen und mit niedriger Lehne sitzen (...) Der Kopf muß durch eine
unter das Kinn gelegte Schlinge hinaufgezogen werden. Alsdann hat der Scharfrichter den Hieb sofort zu vollziehen. Das Schwert muß mit der Stärke der Klinge auf den Lacken aufgeschlagen und von hieraus gegen die Schwäche derselben hingezogen werden. "*

Anlässlich von Überlegungen für jene neue Instruktion hatte man es im Königreich Hannover für zweckmäßig erachtet, dass ein Scharfrichter vor Zulassung
zu einer Exekution „an vernünftigen Thieren" und „namentlich Schweinen, deren Bau des Halses mit dem des menschlichen Halses hochbekanntlich die meis-
te Ähnlichkeit habe, Proben seiner Geschicklichkeit darzuthun" habe.

„Der Scharfrichter muß die erforderliche Geschicklichkeit besitzen, von kräfti-
gem Körperbau und ansehnlicher Figur sein. Er muß als ein herzhafter, uner-
schrockener, kaltblütiger und ruhiger Mann erscheinen", heißt es in den Anfor-
derungen der Königlichen Hannoverschen Landrostei vom November 1844.

Christian Schwarz hatte zuvor für die Hansestadt Bremen seit 1827 Hinrichtungen vollstreckt. Er wurde Halbmeister in Hagen und Bremervörde, dann Scharfrichter in Hannover, und sollte bei Gelegenheit des Übergangs zur Guillotine
1859 in den Ruhestand versetzt werden. Schwarz, damals 67 Jahre alt, protes-
tierte und richtete schon im Januar 1859 einen seiner ersten zahlreichen Protest-
briefe an das hannoversche Justizministerium. Darunter setzte er ein Kreuz für
„Scharfrichter Schwarz, welcher des Schreibens unerfahren". Schwarz erinnerte
die Behörde in seinem ersten Schreiben daran, dass er seit seiner Bestellung vor
32 Jahren 38 Hinrichtungen vorgenommen habe, „und vor wenigen Tagen lieferte ich den Beweis, durch eine Hinrichtung in Göttingen, wie ich zu Führung
meines Schwerdtes noch fähig bin".

In einem anderen Brief sprach er dann widersprüchlich von 41 (31 Männer und
zehn Frauen) und in einem weiteren von 34 vollzogenen Hinrichtungen.

Einige von Schwarz' Amtshandlungen und deren Umstände sind überliefert.

Bei seiner ersten Amtshandlung im Jahr 1827 war Christian Schwarz noch
Halbmeister. Als solcher hatte er mit seinen Knechten dem von der Landesregie-
rung eingesetzten Scharfrichter bei dessen Amtshandlungen zu assistieren.
Halbmeister hatten beispielsweise zuweilen mit ihren Knechten für untergeord-
nete Arbeiten der Scharfrichter zu diesen. Besaß ein Nachrichter die Konzessio-
nen für mehrere Scharfrichtereien und damit Abdeckereibezirken, so verpachtete
er diese oft an Abdecker, die in Norddeutschland Halbmeister bezeichnet wurden. Die Scharfrichtereien in Ratzeburg, Flensburg, Neustadt/Holst., Eckernför-
de und Wildeshausen beispielsweise sind zu Halbmeistereien degradiert worden.
So entstanden in dem umfangreichen Gebiet der Stader Nachrichterei zwischen
etwa 1650 und 1780 in folgenden Orten Halbmeistereien: Wremen, Lehe,
Loxstedt, Bremervörde, Bederkesa, Hagen und Cadenberge.

So hatten die Halbmeister Schwarz aus Bremervörde und Knop aus Bederkesa am 1. Mai 1827 in Dorum bei Wursten im Kreis Wesermünde dem Stader Scharfrichter Johann Diedrich Conrad (1778-1829), der früher in Neustadt a. Rbge. gewirkt hatte, zu helfen. „Abgeschlachtet" wurden drei Männer, die Heinz Dieter Martens und seine Tochter grausam ermordet hatten. Die Zeremonie fand auf dem Knill vor einem großen Publikum statt, und zwar indem man die Opfer auf einem Stuhl fesselte und ihnen dann den Kopf vom Rumpf trennte.

Halbmeister Schwarz musste dem zitternden Poel das Schwert abnehmen und die Enthauptung des Delinquenten Rohr zu Ende führen, wobei Knop den Kopf des Todgeweihten Rohr fasste. Im Anschluss an die misslungene Hinrichtung wurde behördlicherseits eine Untersuchung angeordnet.[31]

Der aus altfriesischer Grundbesitzerfamilie stammende Wilhelm Adickes (1817-1896), später Jurist und Richter am Amtsgericht Lesum, war gerade mal zehn Jahre alt, als er dem blutigen Spektakel beiwohnen musste. Er erinnerte sich: „Als Kind wohnte ich der letzten öffentlichen Hinrichtung bei in der Wurster Heide zwischen Midlum und Altenwalde. Sie traf drei Raubmörder. Eine unzählige Menschenmenge kam zu Fuß und zu Wagen herbei. Der Scharfrichter Poehl aus Bremervörde schlug zweimal zu ohne Erfolg, worauf sich ein allgemeines Murren erhob. Dann nahm der Gehilfe das Schwert und vollführte die Hinrichtung an allen dreien. Mehrere drängten sich herzu, um das Blut der der Enthaupteten zu trinken, und eilten dann hastig davon, um in Schweiß zu geraten. Es sollte dies gegen Epilepsie helfen. ...."[32]

Man mutete es übrigens in Wirtschaften anderen Leuten nicht zu, aus einem Glas zu trinken, aus dem schon einmal ein Scharfrichter oder Schinder getrunken hatte. So war für den Schinder in einer Midlumer Wirtschaft ein besonderes Glas, ein Glas ohne Fuß, sozusagen ein „unehrliches Glas", vorbehalten, wie ein Aufsatz in der „Wurster Zeitung" Nr. 127 vom 30. Oktober 1926 über die letzte Hinrichtung im Land Wursten berichtet. Aus diesem Midlumer Schinderglas wurden damals dem einen der drei dann auf dem Knill im Kirchspiel Spieka im

---

[31] NLA ST Rep. 72/172 Bremervörde Nr. 4268; „Der Halbmeister von Wremen", in: Niederdeutsches Heimatblatt – Mitteilungsblatt der Männer vom Morgenstern, Nr. 140/August 1961, o.S.; Niederdeutsches Heimatblatt, Nr. 63/März 1955 (Beitrag von Robert Wiebalck); Wilbertz, Gisela, Scharfrichter und Abdecker im Hochstift Osnabrück – Untersuchungen zur Sozialgeschichte zweier „unehrlicher" Berufe im nordwestdeutschen Raum vom 16. bis zum 19. Jahrhundert, Osnabrück 1979, S. 123, 315; über Scharfrichter Poel: Blazek, Matthias, Die Hinrichtungsstätte des Amtes Meinersen, ibidem-Verlag, Stuttgart 2008, S. 59; StA Stade, Rep. 80 G Tit. 170 No 6: Aussage von Christian Schwarz, Halbmeister in Bremervörde, vom 28. Dezember 1827. Im Zeitraum 1824-1825 führten der Nachrichter Johann Dietrich Conrad Poehl und seine Ehefrau Henriette Justine, geb. Suhr, zu Stade einen Rechtsstreit gegen den Kanzleiprokurator Cammann als Kurator im Konkurs des verstorbenen Nachrichters Bruno Goepel wegen Schulden sowie Aufnahme einer öffentlichen Hypothek. (Rep. 71 Stade Nr. 716.) 1826 wurde das Wohnhaus von dem Advokat Adolf Wilhelm Augsburg in Stade (gegen den später, 1849/50, ein Verfahren wegen Staatsverrats geführt wurde) an Conrad Pöhl verkauft. Siehe auch Treichel, Fritz, „Scharfrichter Pöhl, Stade, und Halbmeister Pöhl, Bederkesa, waren doch Brüder", in: Genealogie, Band XVI - 31./32. Jahrgang 1982/83, S. 215.
[32] Franz Adickes, Sein Leben und sein Werk, Frankfurt am Main, Englert & Schlosser 1929, S. 15.

Amt Dorum hingerichteten Verbrecher namens Schnell auf der Fahrt zur Richtstätte am 1. Mai 1827 aus seinen Wunsch ein letzter Trunk gereicht, den der hartgesottene Mensch sich mit den Lästerworten einverleibte: „So, dat is de letzte, wüllt sehn, wo he boben smeckt!"

Als Christian Schwarz, Halbmeister in Bremervörde, 1830 in Rotenburg den wegen Raubmordes verurteilten Diedrich Mangels hinrichten sollte, übte er am Abend vorher seine Treffsicherheit an einer Steckrübe, die er an einem Bindfaden aufhängte und von der er dann dünne Scheiben abschlug. Diedrich Mangels aus Neuschönebeck war wegen Raubmordes zur Todesstrafe durch das Rad, gnadenweise aber durch das Schwert verurteilt gewesen.[33]

In der „Staats und Gelehrten Zeitung des Hamburgischen unpartheiischen Correspondenten" verlautete am 10. April 1830:

„Vollzogene Todesstrafe.

Diedrich Mangels, aus Neuschönebeck, wegen begangenen Raubmordes zum Tode verurtheilt, ist am 5ten März d. J. durch das Schwerdt hingerichtet.

Rotenburg, den 3ten April 1830.

Königl. Großbritt. Hannoversches Amt.

Bansen. Lueder. v. Koenemann. Matthaei. "

Vom Jahr 1834 datiert die Bescheinigung über einen Vergleich zwischen Catharina Schwarz, geborene Ströbinge, und ihrem Mann, dem Scharfrichter Christian Schwarz zu Bremervörde, in Geld- und Erbangelegenheiten.[34] 1838 wurde zwischen den Eheleuten Christian Schwarz und Catharine Schwarz, geborene Stövener, ein Vergleich über ihr Vermögen im Falle einer Scheidung aufgestellt.

Am 24. Juli 1835 waltete Scharfrichter Magister Schwarz aus Bremervörde seines Amtes auf einem extra aufgeschütteten Hügel außerhalb von Himmelpforten. Anna und Claus Meyer waren zuvor, begleitet von Glockengeläut und von singenden Schulkindern, auf einem mit Kuhhaut überspannten Schlitten zur Richtstätte geschleift worden. Zunächst war verfügt worden, die Delinquenten „mit dem Rade durch Zerstoßung ihrer Glieder und eisernen Keulen von oben herab, vom Leben zum Tode zu bringen und ihre Körper sodann auf das Rad zu flechten". Wilhelm IV., König des Vereinigten Königreichs von Großbritannien und Irland und König von Hannover, hatte von seinem Begnadigungsrecht Gebrauch gemacht und die Umwandlung der erkannten Strafe in die einfache Strafe der Enthauptung genehmigt.

Tausende Menschen sollen dem Spektakel beigewohnt haben. Die Verurteilten, Stiefmutter und Stiefsohn, waren ein Liebespaar gewesen und hatten in einer

---

[33] Wilbertz, Gisela, Scharfrichter und Abdecker im Hochstift Osnabrück – Untersuchungen zur Sozialgeschichte zweier „unehrlicher" Berufe im nordwestdeutschen Raum vom 16. bis zum 19. Jahrhundert, Osnabrück 1979, S. 126.
[34] NLA Stade Rep. 72/172 Bremervörde Nr. 980.

Märznacht 1833 den 55-jährigen Vater und Ehemann Cord Meyer in seinem Hof in Blumenthal erdrosselt.[35]

In den „Instruktionen" hatte die Behörde im Vorfeld geregelt, dass bei der dem Scharfrichter Schwarz in Bremervörde zu übertragenden Hinrichtung der Delinquenten die Reihenfolge zu beachten sei, nämlich dass zuerst Anna Meyer und danach ihr Stiefsohn zu enthaupten sei.[36]

Scharfrichter Schwarz erledigte seine Arbeit zufriedenstellend.

Im Jahr 1842 wurde der Halbmeisterknecht Friedrich Wilhelm Rathmann zu Stade auf Anforderung des Amtes Harsefeld dazu abkommandiert, dem Scharfrichter Christian Schwarz bei der Enthauptung der Giftmörderin Anna Magdalena Prink zu assistieren. Offiziell erfuhr das „gemeine Volk" nichts von den Ermittlungen, der Prozess wurde schriftlich in den Amtsstuben abgewickelt. Presseberichte gab es nicht. Die Zeitung der einfachen Bürger, Handwerker, Bauern und Tagelöhner war das Gerede der Beteiligten, des Polizei-Vogts, der Gerichts-Assessoren, des Gerichtsdieners, die sich mehr oder weniger zur Verschwiegenheit verpflichtet fühlten. Dementsprechend kursierten Gerüchte über die Verbrechen. Über den Tod des Hans Princk vom Gut Brillenburg in Altkloster (Buxtehude) am 15. Juni 1839 hieß es, seine Leiche sei unter die Pferde in den Stall geworfen worden, damit es aussehe, als hätten sie ihn totgetrampelt. Tatsächlich starb Princk in seinem Bett an Arsenvergiftung. Das Gerücht vermischte seinen Tod mit einem anderen Mordfall, über den die Zeitgenossen ebenso wenig erfuhren. Am 12. März 1833 hatte man den 55-jährigen Cord Meyer in Blumenthal im Bett mit einem Strick erdrosselt aufgefunden.[37]

Hans Princk war von seiner Frau Anna Marlena umgebracht worden. Ob mit oder ohne Wissen und Beihilfe des Knechts Tönjes Dammann wurde nie geklärt. Dammann starb fast drei Jahre nach dem Mord im Gefängnis an einer schlecht versorgten Beinwunde. Anna Marlena Princk wurde am 31. Oktober 1842 mit dem Schwert geköpft. Der Rabenstein, der Hinrichtungsplatz befand sich auf einem Feld beim Harsefelder Mühlenberg. Das bei der vergleichsweise „milden" Strafe des Enthauptens übliche Schleifen auf einem mit Kuhhaut bespanntem Schlitten hatte der König der Giftmörderin gnädigerweise erlassen.[38]

---

[35] Alsdorf, Diedrich, „Christian Schwarz – ein Scharfrichter in Bremervörde", in: Bremervörder Jahrbuch 2009, hrsg. von Bremervörder Kultur- und Heimatkreis, Bremervörde 2009; Dietrich Alsdorf, Annas Spuren – die Aufarbeitung einer Tragödie, bearbeitet und in Szene gesetzt von Hartmut Jungclaus.

[36] Alsdorf, Dietrich, Anna aus Blumenthal, historischer Roman, Fischerhude *2007, S. 283 f.* Auler, Jost, Richtstättenarchäologie, Dormagen 2008, S. 111 ff. Siehe auch: Ruperti, Georg Ernst, Der Sieg des Wortes Gottes über die Sünde, Stade 1835.

[37] Wenige Jahre zuvor, 1837, wurde gegen den Abdeckerknecht Friedrich Wilhelm Rathmann in Stade Anklage wegen Tötung des Steueraufsehers Eggers aus Brunshausen und lebensgefährlicher Verwundung der Steueraufseher Matthaei und Mädje aus Twielenfleth erhoben, ein Begnadigungsgesuch der Ehefrau des Angeklagten wurde abgelehnt, 1837 f.

[38] Die Enthauptung der Anna Marlena Prink vor 153 Jahren, in: Geschichte und Gegenwart 1995, Jahrbuch des Vereins für Kloster- u. Heimatgeschichte Harsefeld; Vorbereitung und Durchführung der in der Nähe Harsefelds stattfindenden Hinrichtung der Giftmörderin Witwe Marlene Prink, geb. Röhrs, zu Brillenburg (NLA ST Rep. 80 Nr. 01174).

Am 1. September 1843 enthauptete Christian Schwarz auf dem Bönnekenhusener Dreisch bei Friedland den Gärtner Friedrich Bollensen aus Rosdorf, der am 2. Januar 1842 seine schwangere Braut, die Witwe Hanna Bindseil, geborene Schmidt, aus Niedernjesa auf dem Weg von Reinshof nach Niedernjesa erschlagen hatte.

Der Halsgerichtsplatz hielt 20 Fuß im Quadrat und musste im Vorfeld erhöht werden. 100 Fuß davon entfernt wurde das Schafott errichtet und beides in einem Kreis von 35 Fuß Durchmesser bis zu 4 Fuß mit Erde erhöht und von einer 3½ Fuß hohen Barriere umgeben. Um das Schafott wurde ein Graben gezogen und zwischen Gerichtsplatz und Schafott ein Zugangsweg eingeebnet. Nach Groß Schneen zu wurde ein schmaler Zugang zur Gerichtsstätte in der Umzäunung offengelassen und der holprige Feldweg von Groß Schneen dorthin fahrbar gemacht. Auf dem Schafott wurde in der Mitte auf den roten Sand ein Viereck von weißem Sand gestreut, auf das der in Göttingen angefertigte Richtstuhl gestellt wurde. Daneben stand der von Meister Grewe angefertigte schlechte Sarg, der sogleich nach der Hinrichtung den Leichnam aufzunehmen hatte. Die Bauermeister der umliegenden Gemeinden führten für die Absperrung ihre Mannschaften der „Landfolgen" geschlossen zum Richtplatz, in den Dörfern selbst wurden die zurückgebliebenen Männer zu Wachen und zur Bedienung der Feuerspritzen eingeteilt.

Die Landfolge – 580 Mann mit Stöcken oder Hellebarden bewaffnet – schloss in drei Gliedern den äußeren Ring ab und überließ den Platz davor der Jugend der betreffenden Gemeinden, der das abschreckende Schauspiel nicht entgehen sollte. Den inneren Ring schlossen 200 Jäger aus Göttingen unter Hauptmann Baring.

Schon in frühester Morgenstunde strömte die Menge, die auf 12 000 Personen geschätzt wurde, zu Fuß, zu Pferd und zu Wagen zu dem Richtplatz herbei. Darunter auch viele Studenten in bunten Mützen unter Vorantritt der beiden Pedellen zu Pferde. Am Morgen des 1. September begleiteten bei Glockengeläut die Schulkinder aus Friedland unter Kantor Rabe den Wagen und sangen Kirchenlieder, die von Bollensen selbst ausgewählt waren und von ihm mitgesungen wurden. Von Groß Schneen übernahm der Kantor Kracke mit seinen Schulkindern die Gesänge.

Nach nochmaliger Verlesung des Strafprotokolls zerbrach Amtmann Koll nach herkömmlicher Sitte einen weißen Stab, warf die Stücke hinter sich und sprach: „Das Urteil ist gesprochen, der Stab ist zerbrochen". Darauf nahm Bollensen mit Handschlag Abschied von den Beamten, und nun wandte sich Amtmann Friedrich Georg Kern an den Scharfrichter Schwarz aus Groß Rhüden – Scharfrichter Georg Carl Daniel Göpel, Göttingen, war erkrankt – er solle seines Amtes walten.

Unter dem Gesang von Kirchenliedern der Schuljugend und in Begleitung von zwei Gendarmen ging Bollensen langsamen Schrittes vom Gerichtsplatz zum Schafott, kniete neben dem Richtstuhl nieder, betete ein Vaterunser und übergab dem Pastor Ebeling sein Gesangbuch. Der Scharfrichter legte ihm eine Augenbinde um, schnallte Hände und Brust an dem Richtstuhl fest und trennte mit dem von seinen Gehilfen bis dahin verborgen gehaltenen Schwert in einem Schlag den Kopf vom Rumpf. Der Kopf wurde der Menge zum Beweis der gelungenen Exekution gezeigt, mit dem Körper in den bereitstehenden Sarg gelegt und im Anschluss daran gleich zur Anatomie nach Göttingen gefahren.[39]

Die Hinrichtung des Brandstifters Johann Hinrich Gerken am 5. September 1843 in der Heide zwischen Halsmühlen und Uhlemühlen sorgte für erhebliches Aufsehen. Gerken, ein Dienstknecht aus Walle, hatte sich wegen Brandstiftung mit Todesfolge, begangen am 8. September 1841, vor Gericht zu verantworten. Dem Scharfrichter Christian Schwarz aus Hannover gelang es nicht, den Kopf des Delinquenten mit einem einzigen Hieb des waagerecht geführten Schwertes vom Rumpf zu trennen. August Wilhelm Becker, Superintendent in Bremervörde, hatte zuvor auf der Richtstätte ein Gebet gesprochen und eine Rede gehalten.

Vielleicht steht eine in Hannover archivierte Akte damit im Zusammenhang, die eine Anweisung für Scharfrichter über das Verfahren bei Enthauptungen, aber auch die Zurückziehung und Kündigung des dem Nachrichter Schwarz in Beziehung auf die Vollstreckung der Hinrichtungen in dem Herzogtum Bremen erteilten Auftrages und gezahlten Belohnung (1844-1860) beinhaltet.[40]

Die Akte im Landesarchiv mit der Signatur NLA HA Hann. 80 Hannover Nr. 00308 behandelt Anweisungen und Regeln für den Scharfrichter bei Vollstreckung von Todesstrafen mittels des Schwertes, die Anstellung eines Scharfrichters für das ganze Land und die den Nachrichtern für die Vollziehung von Todesurteilen zu bewilligende Vergütung (1844-1858).

Am 27. April 1847 enthauptete Christian Schwarz die 36 Jahre alte und aus Clausthal stammende Kindsmörderin Augustine Henriette Stopp. Ihr wurde vorgeworfen, dass sie ihr 21 Monate altes Kind lebendig im Lechlumer Holz vor Wolfenbüttel verscharrt und auf diese Weise umgebracht habe. Noch am gleichen Tag wurde dem Scharfrichter ein Attest folgenden Wortlauts ausgestellt:[41]

Dem Herrn Scharfrichter Schwarz aus Hannover wird hiemit von dem unterzeichneten Gericht sehr gern bescheinigt, daß er die, wegen Tödtung ihres, 20 Monat alten Kindes, zur Enthauptung verurteilte 36 Jahr alte Auguste Henriette Stopp am heutigen Tage in Gegenwart unserer und einer Menschenmenge von 12,000 bis 15,000 eben so schnell als sicher mit dem Schwerdte enthauptet hat, so daß mit Einem Hiebe der Kopf vom Rumpfe getrennt wurde, und sich allgemeiner Beyfall bekundete.
Urkundlich des beigedruckten Stadtinsiegels und der Unterschrift.

Clausthal den 27ten April 1847.
Richter und Rath daselbst.

[Unterschrift]

---

[39] Die letzte öffentliche Hinrichtung auf dem Bönnekenhusener Dreisch am 1. September 1843, Auszug aus einem Bericht von Lehrer Eduard Lüdecke, Gr. Schneen. Vgl. Niederdeutsche Beiträge zur Kunstgeschichte, Band 20, Deutscher Kunstverlag, 1981, S. 191.
[40] NLA-HStA Hannover Hann. 74 Hannover Nr. 1454.
[41] Stadtarchiv Celle L10, Nr. 805 (Provenienz: Bomann-Museum).

Attest aus Clausthal vom 27. April 1847. Stadtarchiv Celle L10, Nr. 805
(Provenienz: Bomann-Museum). Repro: Blazek

Das Gerichtsprotokoll über die von Christian Schwarz vollzogene Hinrichtung des Bergmanns Georg Carl Wagener am 9. August 1850 in Zellerfeld ist in der „Hannoverschen Gerichtszeitung für Schwurgerichte" abgedruckt. Etwa 15- bis 20 000 Menschen riefen nach der Urteilsvollstreckung „Bravo!"[42]

Am 20. August 1850 wurde Johann Heinrich Regulett aus Rekum im Amt Blumenthal von Christian Schwarz hingerichtet. Wie üblich, wurde zunächst das peinliche Halsgericht gehegt, ehe sich der Menschenzug vom „Gefangenhaus" bis zum Richtplatz in Bewegung setzte.

Vom 6. September 1851 datiert die Bescheinigung für die ordnungsgemäße Hinrichtung von Heinrich Hildebrand für den Scharfrichter Schwarz. Die Hinrichtung erfolgte tags zuvor um sechs Uhr „auf dem kleinen Forst" bei Kassel, der durch das Geschworenengericht des Mordes seiner Frau schuldig erkannte und

---

[42] Vgl. Sellert, Wolfgang; Rüping, Hinrich, Studien- und Quellenbuch zur Geschichte der deutschen Strafrechtspflege, Band 2, Aalen 1994, S. 100; Mühry, Ernst, Hannoversche Gerichtszeitung für Schwurgerichte 1 (1850), S. 265 ff.

zum Tode verurteilte Hildebrand hatte stets und bis zum letzten Augenblick seine Unschuld geleugnet. Seine königliche Hoheit, der Kurfürst, hatte das Todesurteil bestätigt. Der Staatsprokurator Weißenberg attestierte Schwarz, „daß er am 5ten d. M. die Hinrichtung des Heinrich Hildebrand mit Geschicklichkeit und größter Ruhe, indem er mit einem Hiebe das Haupt vom Rumpfe trennte, vollzogen hat".[43]

Am 5. August 1853 wurde der 32 Jahre alte Johannes Beck aus Oetmannshausen auf dem so genannten Hirtenrasen bei Eschwege von Scharfrichter Schwarz enthauptet. Beck, der „Schmiere gestanden" hatte, als sein älterer Bruder Ewald und dessen Schwager Georg Schlarbaum den alten Kaspar Beck („Eckenbeck") ermordeten, wurde, dem bestehenden Brauch gemäß mit weißleinenem Kittel und schwarzen Schleifen und weißbaumwollener Mütze mit schwarzer Umfassung bekleidet, auf einem gewöhnlichen Leiterwagen, im Rücken von zwei Gendarmen bewacht, vor sich die beiden Geistlichen, unter militärischer Eskorte zur Richtstätte gebracht.

In der Gemarkung von Riensförde bei Stade wurde am 9. Juni 1854 vor Tausenden von Menschen der 20 Jahre alte Matrose Heinrich Wilhelm Reinhard Stock aus Friedrichshöhe wegen Raubmordes und Raubes durch den Scharfrichter Schwarz enthauptet.

Friedrich Wehrmann, 27 Jahre alter Arbeitsmann aus Groß Munzel, wurde wegen Mordes am 9. März 1855 um neun Uhr bei Hannover (Vahrenwald) enthauptet. „Schon nach 20 Minuten befand sich der Leichnam im Sectionssaale der hiesigen Anatomie und ich konnte augenblicklich die beiden Augen aus ihren Höhlen nehmen", schrieb Dr. Wilhelm Krause (1833-1910) im gleichen Jahr in der „Zeitschrift für rationelle Medicin".

Dann 1856 in Celle: Letztmalig wurde am 4. April jenes Jahres auf dem Galgenberg vor Celle eine Person hingerichtet, und zwar der wegen Mordes beziehungsweise Totschlags angeklagte Schneider und Kötner Johann Heinrich Müller durch den Scharfrichter Christian Schwarz aus Hannover mit dem Schwert. Die Hinrichtung wurde in der vorgeschriebenen Weise vollzogen, wie der Bericht der Staatsanwaltschaft vom gleichen Tage bezeugt.[44]

Christian Schwarz leistete ordentliche Arbeit: „Es wurde der Verurteilte darauf von den Gehülfen des Scharfrichters in Empfang genommen; auf einen, auf dem Schaffote stehenden Stuhl niedergesetzt, und nachdem dessen Augen mit einem weißen Tuche verbunden, dessen Arme und Hände durch die Gehülfen des Scharfrichters an den Stuhl gebunden, auch dessen Hals und Haupt entblößt war, vollzog und zwar 7 Uhr 27 Minuten Morgens, der Scharfrichter Schwarz die Decapitation des Verurtheilten durch einen Schwerthieb unter Bravo-Rufen des Publicums; und wurde darauf der Stuhl mit dem Rumpf des Körpers von den Gehülfen des Scharfrichters umgestürzt."

---

[43] Stadtarchiv Celle L10, Nr. 830 (Provenienz: Bomann-Museum).

[44] Ausführlich: Blazek, Matthias, „Johann Heinrich Müller wurde 1856 mit dem Schwert hingerichtet – Nachricht von der letzten öffentlichen Hinrichtung in Celle / Schneider und Kötner soll Schwester getötet haben", Sachsenspiegel 32, Cellesche Zeitung vom 09.08.2008.

Am 9. Mai 1856 wurde unweit von Stade die schöne Magd Anna Margarethe Brümmer aus Balje, die ihr uneheliches Kind vergiftet hatte, von Scharfrichter Schwarz mit dem Schwert hingerichtet.

Im „Fränkischen Kurier (Mittelfränkische Zeitung)" (Nürnberg) verlautete am 25. November 1856: „Fulda, 21. Nov. Heute in der Frühe wurde der Verbrecher Bösser von einem Scharfrichter aus Hannover enthauptet. Seit 26 Jahren ist eine Hinrichtung in unserer Provinz nicht vorgekommen."

Am 29. November 1856 betrat in Riensförde erneut eine Frau den Richthügel: Margarethe Schröder aus Vegesack, sie war wegen Raubmordes zum Tode durch das Schwert verurteilt. Neben einer kurzen Notiz im Amtsblatt liegen über diese Veranstaltung keine weiteren Angaben vor. Die Richtstätte wurde später aufgehoben und der Richthügel eingeebnet.

Die drei öffentlichen Hinrichtungen, die 1857 und 1859 in der Nähe von Osnabrück stattfanden, vollzog Christian Schwarz, Scharfrichter in Hannover. Niclassen de Groot war die erste, die auf der Richtstätte im Belmer Sundern ihr Leben lassen musste. Die 27-Jährige wurde wegen Raubmordes am 17. Februar 1857 enthauptet. Sie hatte eine Witwe in der Nähe von Quakenbrück erstickt und deren Haus in Brand gesteckt. Nach einigem Hin und Her hatte sich im Vorfeld die zuständige Domänenkammer Hannover für die Örtlichkeit, einer Anhöhe im Belmer Sundern, ungefähr sechs bis sieben Kilometer vor den Toren Osnabrücks, entschieden. Rund 10- bis 15.000 Menschen wohnten dem traurigen Akt bei.[45]

In „Eberhardt's Allgemeinem Polizei-Anzeiger" wurde verkündet: „de Groot, Niclassen Beate Christina, a. Jheringsfehn, ist durch Erk[enntnis] d[es] hies[igen] k[öniglichen] Schwurgerichtshofes vom 6/12. 56 wegen Raubmordes zu geschärfter Todesstrafe verurteilt u., nachdem die erkannte Schärfung der Strafe im Gnadenwege beseitigt worden, am 17/2. c. mittelst des Schwertes enthauptet worden. Staatsanw. des K. Oberger. Osnabrück, 18/2. 57. D. Westerkamp." Eberhardt's Allgemeiner Polizei-Anzeiger, hrsg. von Robert Pikart, S. 167.

Und im „Würzburger Abendblatt" vom 21. Februar 1857 heißt es kurz und knapp: „(Osnabrück.) Am 17. Febr. hat dahier die Hinrichtung der zum Tode verurtheilten Niclaaßen de Groot unter großem Zulauf stattgefunden. Der ganze Vorgang dauerte wenige Minuten."

Am 31. Juli 1857, morgens um 9 Uhr 17 Minuten, fiel das Haupt des Kassengehilfen Ernst Heinrich August Fleischer, Vaters mehrerer Kinder, von denen zuletzt nur noch ein schwächlicher Knabe von etwa fünf Jahren lebte. Der Quakenbrücker hatte in der Nacht vom 28. zum 29. August 1856 seine recht wohl-

---

[45] NLA-OS, Rep. 560 XI, Nr. 130: Benutzung des herrschaftlichen Forstorts Belmer Sundern zum Richtplatz 1857-1859; NLA-OS, Rep. 556, Nr. 52: Antrag der Staatsanwaltschaft auf Zuweisung eines Hinrichtungsplatzes für die de Groot.

habende, 30 Jahre alte Ehefrau vergiftet, um anschließend die Wohnungseinrichtung in Bares umzusetzen.[46]

In der „Vierteljahrsschrift für gerichtliche und öffentliche Medicin" wurden die beim Enthaupten dokumentierten Beobachtungen veröffentlicht: „Das Gesicht des vom Rumpfe getrennten Kopfes war starr und unbeweglich, nur die Muskelstumpfe am Halse und die Hautränder zeigten eine zitternde, hüpfende Bewegung. 9 Uhr 20 Minuten eröffneten sich zum ersten Male, wie bei der de Groot, anscheinend zu tiefem Einathmen, die Mundlippen und Kinnladen des Gerichteten; nach zwei Minuten geschah dies zum zweiten Male und wiederholte sich dann in immer kürzern Pausen noch acht Mal, so daß erst nach 10 Minuten Ruhe eintrat. Übrigens öffnete der Mund sich hier nicht so weit, wie es bei der de Groot der Fall gewesen."[47]

Der Arbeitsmann Friedrich Wilhelm Amelung aus Hoheneggelsen, 21 Jahre alt, wurde wegen eines bei Loccum begangenen Mordes am 22. September 1857 durch den Scharfrichter Schwarz mit dem Schwert vom Leben zum Tode gebracht.[48]

Am 20. Januar 1859 enthauptete er in Göttingen die Giftmörderin Friederike Lotze. Es war die letzte öffentliche Hinrichtung unter der Gerichtslinde auf dem Leineberg in Göttingen. Friederike Lotze hieß die zum Tode verurteilte Delinquentin. Sie hatte den Bäckermeister Sievert zu Münden, der ihr die Ehe versprochen hatte und dessen Dienstmagd sie war, am 13. März 1858 mittels Gift getötet und wurde mit dem Schwert enthauptet.[49]

Die schreckliche Hinrichtung des Vater- und Schwestermörders Andreas Christoph Beinhorn aus Grone mittels eisernen Keulen lag damals 31 Jahre zurück: Sie war am 10. Oktober 1828 am gleichen Ort vollzogen worden.

Da die Exekution an der Giftmischerin auf öffentlichem Platz vollzogen wurde, war, wie üblich, der Andrang des schaulustigen Publikums außerordentlich groß.[50] Zur Abschreckung mussten zudem alle Dienstboten aus Göttingen und dem Umland der Exekution beiwohnen. Dennoch nahmen viele Zeitungen von der Hinrichtung gar nicht erst Notiz. Der „Kurier für Niederbayern – Tagblatt aus Landshut" berichtete am 26. Januar 1859:

---

[46] NLA-OS, Erw A 100, Nr. 42: Maueranschlag, betr. den Giftmörder Ernst Heinrich August Fleischer, hingerichtet in Osnabrück 1857.
[47] Vierteljahrsschrift für gerichtliche und öffentliche Medicin, hrsg. von Johann Ludwig Casper, Verlag von August Hirschwald, Berlin 1860, S. 26.
[48] Andreae, Friedrich Wilhelm, Chronik der Residenzstadt Hannover von den ältesten Zeiten bis auf die Gegenwart, Hildesheim 1859, S. 329.
[49] Vgl. Hovorka, Oskar; Kronfeld, Adolf, Vergleichende Volksmedizin, Band 1, 2, Stuttgart 1908/09, S. 86; Hermann Leberecht Strack, Das Blut im Aberglauben und Glauben der Menschheit – Mit besonderer Berücksichtigung der „Volksmedizin" und des „jüdischen Blutritus", 7. Aufl., München 1900, S. 45; von Braun, Christina; Wulf, Christoph (Hrsg.), „Bluttrinken als abergläubische Praxis", in: Mythen des Blutes, Frankfurt/Main [u. a.] 2007, S. 145 f.
[50] Denecke, Dietrich; Böhme, Ernst (Hrsg.), Göttingen – Geschichte einer Universitätsstadt, Göttingen 2002, S. 132.

Göttingen, 20. Jan. Heute Morgen wurde die unverehelichte Friederike Lotze aus Dankelshausen, Amts Münden, welche in der Schwurgerichtssitzung vom September wegen des am Bäckermeister Sievert zu Münden, ihrem derzeitigen Dienstherrn, verübten Giftmordes zur Todesstrafe mit Schärfung durch Herausschleifen auf der Kuhhaut zum Richtplatz verurtheilt war, durch den Nachrichter Schwarz mittelst einen Hiebes enthauptet. Die Schärfung hatte der König im Wege der Gnade beseitigt.

Friederike Lotze wurde also vermutlich zu Fuß zum Hochgericht geführt, indem ihr Prediger und Schulkinder betend und singend das Geleit gaben.

Das Lied „O wie dunkel seid ihr Mauern" wurde der Lotzeschen Mordgeschichte zugeschrieben, wie das „Bremer Sonntagsblatt" am 19. Februar 1860 berichtete.

Oberstaatsanwalt Paul Woytasch aus Marienwerder, vorher Halle, der der Hinrichtung beiwohnte, schrieb in einer persönlichen Mitteilung an den Berliner Theologieprofessor Hermann Leberecht Strack im August 1892: „Ich war Schüler des berühmten Prof. Herrmann in Göttingen. Auf seine Veranlassung wohnte ich Anfangs Januar 1859 der öffentlichen Hinrichtung einer Giftmischerin bei Göttingen bei. Dieselbe erfolgte mittels Schwertes." Woytasch hatte mitangesehen, wie das Volk den Militärring durchbrach, das Blut auffing und weiße Tücher darin eintauchte. „Auf meine entsetzte Frage wurde mir geantwortet, daß dieses Blut zur Heilung der Fallsucht verwendet werde."

Das Blut spielte im Aberglauben und Glauben der Menschheit eine Rolle, Bluttrinken war eine abergläubische Praxis. Über die Hinrichtung des Malers Louis Krage in Braunschweig am 27. März 1874 verlautete in der Zeitung „Bohemia": „Bei der Hinrichtung des Krage sahen wir einen Burschen, welcher diese Operation vorgenommen hatte, mit blutbeflektem Gesicht auf dem Tummelplatz umherlaufen, da der Aberglaube weiter verlangt, daß dem Genusse des Blutes ein rasches Laufen folgen müsse. Bei einer anderen Gelegenheit fand sogar der Cannibale – anders können wir den Bluttrinker nicht bezeichnen – seinen Tod dadurch, daß er, von einem Verwandten an das Pferd gebunden, einen Dauerlauf nach seinem Dorf machen mußte, wo er kurz nachher an der Lungenentzündung starb."

Henker verkauften am 29. Juli 1864 im Zellengefängnis Moabit massenhaft Taschentücher à zwei Taler an heilsuchende Epilepsiekranke.

Hermann Leberecht Strack veröffentlichte im Jahre 1900 Woytaschs Ausführungen.

Bei der letzten Hinrichtung im Belmer Sundern wurde am 12. Juli 1859 ein Mann von Scharfrichter Christian Schwarz enthauptet. Dem 28-jährigen Schmiedegesellen aus Astrup im Kirchspiel Belm wurde vorgeworfen, seinen neun Monate alten, unehelichen Sohn ermordet zu haben. Der Mann galt als arbeitsscheu, unzuverlässig, roh und trinksüchtig. Mit einer zehn Jahre älteren Frau, mit der er verlobt war, hatte er zwei weitere uneheliche Kinder. Doch von seinem Lohn als Tagelöhner konnte er den Unterhalt für seine Kinder nicht aufbringen – und er wollte es wohl auch nicht. Nach dem Tod des jüngsten Kindes fiel der Verdacht auf den Vater, der bis zuletzt die Schild von sich wies.

Bei dieser Hinrichtung, der letzten öffentlichen Hinrichtung im Königreich Hannover, hatte man den Tag der Hinrichtung geheim gehalten, um Menschenansammlungen zu vermeiden.[51]

Ein neues Gesetz über die Todesstrafe kam zustande, welches an Stelle des Schwertes das Fallbeil einführte und die bislang schon im Gnadenwege erlassene Schärfung durch Hinschleppen des Delinquenten auf einer Kuhhaut beseitigte. Die hannoversche zweite Kammer hatte sich am 14. Februar 1859 für die Vollstreckung der Todesstrafe durch das Fallschwert ausgesprochen. Lediglich die protestantischen Geistlichen erklärten sich für die Beibehaltung der bisherigen Hinrichtungsart durch das Schwert des Scharfrichters. Auch hatte die Kammer beschlossen, der Regierung die Beschränkung der Öffentlichkeit bei Hinrichtungen anzuempfehlen.

Schließlich kam durch das Gesetz vom 31. Dezember 1859, die Todesstrafe betreffend (ausgegeben zu Hannover, den 4. Januar 1860), das Fallschwert in der Provinz Hannover in Gebrauch.

Fünf Jahre später (1864) endete in Deutschland die Ära der öffentlichen Hinrichtungen. Die letzte öffentliche Hinrichtung im Königreich Hannover wurde bereits wenige Monate nach dem Akt auf dem Leineberg, am 12. Juli 1859 auf dem Richtplatz im Belmer Sundern bei Osnabrück, vollzogen.[52]

Emilie Lotheisen aus Udorf im Kreis Brilon wurde 1859 in Assmannshausen am Rhein Opfer eines Verbrechens. Ihr Mörder, Heinrich Nolte aus Herlingshausen, 1816 geboren, wurde 1861 in Hanau von Scharfrichter Schwarz hingerichtet. Es war die letzte öffentliche Hinrichtung auf dem Hanauer Schafott.[53]

Das „Deutsche Volksblatt für das Main- und Nachbar-Land" schrieb in seiner Ausgabe vom 16. Januar 1861: „Scharfrichter Schwarz von Hannover, obwohl ein Mann in den Sechzigen, vollzog die Hinrichtung schnell und sicher."

Der „Nürnberger Kurier" berichtete in seiner Ausgabe vom 13. Januar 1861: „In Hanau ist am Freitage der Raubmörder Nolte, dessen Prozeß so großes Aufsehen erregt hat, hingerichtet worden. Er konnte sich nur mit Mühe aufrecht erhalten und nachdem er zum letzten Gebet niedergekniet war, vermochte er nicht mehr, sich allein zu erheben. ‚Ist denn gar keine Gnade mehr' sollen seine letzten Worte gewesen sein. Die Exekution erfolgte kurz nach 10 Uhr. Mehrere Personen stürzten auf das Schaffot und tranken von dem rauchenden Blute (als Mittel, welches die Epilepsie heilen soll). Ein neuer Beweis, daß Wahn und Aberglaube jedes menschliche Gefühl ersticken."

---

[51] NLA-HStA Hannover Hann. Des. 26a No 7113. Zu dieser Hinrichtung vgl. Sprang, Irmgard, Mitteilungen zur Belmer Richtstätte, Belm 1977 (Masch.-schriftl. Msc., mit 3 Abb.), S. 32-39.
[52] NLA-HStA Hannover Hann. 26a Nr. 7113.
[53] Vgl. Brücher, a. a. O., S. 105-109.

Gleichlautend die „Neue Augsburger Zeitung" am 15. Januar 1861: „Hanau, 11. Jan. Unmittelbar nach der heute Vormittags 10 Uhr vollzogenen Hinrichtung des Raubmörders Nolte stürzten mehrere Personen auf das Schaffot und tranken von dem rauchenden Blute; ein neuer Beweis, daß Wahn und Aberglaube jedes menschliche Gefühl ersticken!"

Eduard Stemplinger (1925): „Bei der Hinrichtung eines Raubmörders 1861 in Hanau stürzten so viele Frauen mit ihren Tüchern zum strömenden Blut, daß sie die Polizei mit Gewalt zurückhalten mußte."[54]

Im Stadtarchiv Celle befindet sich zudem das Attest für den Scharfrichter Christian Schwarz über die vollzogene Hinrichtung Noltes.[55] Auf seinen Wunsch hin bescheinigte ihm Justizrat Philipp Heinrich Becker:

Dem Scharfrichter Christian Schwarz von Großen-Rhäden wird hierdurch auf sein Ersuchen bescheinigt, daß er heute an dem Heinrich Nolte von Klein-Seelheim das gegen denselben wegen Raubmords pp ergangene Todesurtheil kurz und sicher mittelst eines Schwerdtstreiches durch Trennung des Hauptes vom Rumpfe vollzogen hat.

Hanau 11 Januar 1861.

Der Director des Criminalgerichts, Geheime Justizrath.

Becker

Noltes Schädel gelangte als Exponat in die Marburger Anatomische Sammlung (Museum anatomicum), wo eine Totenmaske angefertigt wurde. Im Katalogeintrag von 1920 wurde vermerkt: „Hingerichtet mit dem Schwerte am 11. Januar 1861 in Hanau". Es sollten „zwei Hefte mit der Schilderung seines Lebens und des Prozesses gegen ihn" dabei liegen, die Auskunft über das Verbrechen und die Umstände von Noltes Hinrichtung geben.

1847, drei Jahre nachdem Christian Schwarz das Scharfrichter-Amt von dem verstorbenen Johann Joseph Voß in Hannover übernommen hatte, traf man mit ihm und mit dem Halbmeister von Hoya, Christian Ludwig Fröhlich (1799-1870), der in der Grafschaft und im Amt Hoya seit 1830 das Amt des Scharfrichters ausübte, eine besondere Abmachung, wonach sich beide zu Hinrichtungen außerhalb ihres Abdeckereibezirkes verpflichteten.[56] Scharfrichter war danach nur noch derjenige, der einen Vertrag speziell für Hinrichtungen abgeschlossen hatte und diese auch vollzog. Beiden wurden ab 1847 für Exekutionen außerhalb ihres eigenen Abdeckereibezirks 25 Taler zugestanden.[57]

Unter den Strafsachen, Generalia, im Bereich der Landdrostei Lüneburg befindet sich unter anderem ein Anstellungsgesuch des Scharfrichters Christian

---

[54] Stemplinger, Eduard, Antike und moderne Volksmedizin, Das Erbe der Alten, X, Leipzig 1925, S. 61.

[55] Stadtarchiv Celle L10, Nr. 816 (Provenienz: Bomann-Museum).

[56] NLA-HStA Hannover Hann. Des. 80 Hann. I A Nr. 308. Vgl. Seidel, Katharina, Scharfrichter Fröhlich, Hoyaer Hefte, Schriftenreihe des Heimatmuseums Grafschaft Hoya e.V., Nr. 4, Hoya o. J. (1995).

[57] Wilbertz, a. a. O., S. 92, 316.

Schwarz zu Hannover von 1857. Eine weitere Akte enthält unter anderem Gutachten, betreffend die Vollstreckung der Todesstrafe in geschlossenen Räumen.[58]

Wie viele Scharfrichter jener Zeit, geriet Christian Schwarz allmählich in finanzielle Bedrängnis. Zwar erzielte er einige Einkünfte aus seiner Abdeckerei und Pferdeschlachterei in Hannover, doch musste er diese Anfang 1860 aufgeben, und von den 100 Talern pro Jahr, die er für seine Scharfrichterfunktionen in Bremen erhielt, konnte er nicht leben. So hatte er schon vor seiner Pensionierung um Aufbesserung seiner Besoldung bitten müssen, „um nicht in Noth und Mangel leben zu müssen".[59]

Obwohl ihm klar war, dass die Einführung der neuen Maschine das Ende seiner Berufslaufbahn bedeutete, behauptete er, dass die offizielle Mitteilung, seine Dienste würden nicht mehr benötigt, ihn wie ein Schlag getroffen habe. 43 Jahre habe er dem Staat treulich gedient und wenigstens eine anständige Rente verdient.[60]

Verheiratet war der Scharfrichter Schwarz in zweiter Ehe mit Johanna Maria Klages aus Groß Rhüden, zwölf Kilometer nördlich von Seesen. Im Heimatdorf seiner Frau, seinem letzten Wohnsitz, starb er am 13. Februar 1867. Er war im Übrigen katholischer Konfession und wurde im benachbarten Bilderlahe zu Grabe getragen.[61]

„Hier ruhet Christian Schwarz." Foto: Dietrich Alsdorf

Das alte Richtschwert verstaubte später auf dem Dachboden der Nachkommen und gelangte schließlich als Dauerleihgabe in den Besitz des Heimatmuseums in Lamspringe.

---

[58] NLA-HStA Hannover Hann. 26a Nr. 2754, 2755 (Akten des Königlich Hannoverschen Justizministeriums 19. Jahrhundert, XXXI. Strafsachen, Todesurteile, Findbuch S. 502 ff.).
[59] Evans, Richard J., Rituale der Vergeltung – Die Todesstrafe in der deutschen Geschichte 1532-1987, Berlin 2001, S. 470, unter Bezugnahme auf GStA Berlin, Rep. 84 a/7788, Bl. 63: Notiz vom 17. Juni 1859.
[60] Evans, a. a. O., S. 471, unter Bezugnahme auf GStA Berlin, Rep. 84 a/7788, Brief vom 31. Oktober 1859.
[61] Brücher, a. a. O., S. 105-109.

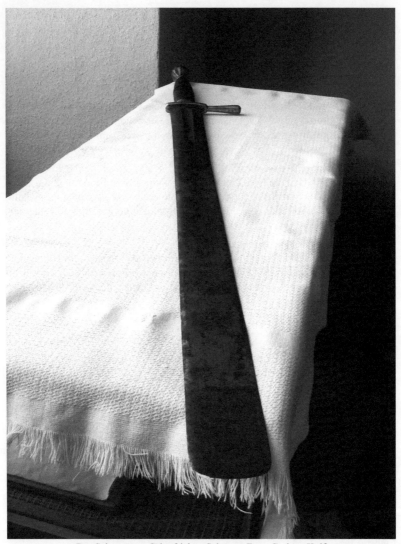

Das Schwert von Scharfrichter Schwarz. Foto: Corinna Kolf

Überhaupt hatten 1864 diese Missetäter in deutschen Landen für ihre Verbrechen mit ihrem Leben büßen müssen:

In Troppau wurde am 30. Juni 1864 der Raubmörder Joseph Knapp aus Philippsdorf bei Meltsch wegen Meuchelmordes durch den Brünner Scharfrichter Franz Kotzurek hingerichtet. „Als man ihm die Bestätigung des Todesurtheils bekannt gegeben hatte, blieb er ziemlich gleichgiltig und verlangte noch einen derben Imbiß, welcher ihm auch gereicht wurde." (Bohemia, 1. Juli 1864) Als er zur Hinrichtung ausgeführt wurde, hielt er vor seinem Einsteigen in den Wagen an der Tür der Fronveste eine laute vernehmliche Sprache in deutscher und dann in böhmischer Sprache an die Versammelten, in welcher er vollkommene Reue über seine Tat zeigte. Von den Verwandten des Delinquenten waren mehrere zugegen, darunter auch seine Mutter. Die Leiche blieb den Tag über am Galgen hängen und wurde abends auf der Richtstätte beerdigt. (Münchener Abendzeitung, 5. Juli 1864)

„(Berlin eine schöne Gegend.) Am 23. Juli fanden drei Hinrichtungen auf einmal statt. Es ist in diesem Musterstaate nichts Ungewöhnliches, denn am 18. Juli hatte in Küstrin und am 16. Juli eine solche in Cottbus stattgefunden. Also in einer Woche 5 Hinrichtungen." (Würzburger Anzeiger vom 27. Juli 1864)

Der Fleischer Eduard Waldau, Sohn des begüterten Gastwirts Waldau in Burghammer im Regierungsbezirk Liegnitz, wurde am 16. Juli 1864 im Hof des Königlichen Zentralgefängnisses in Cottbus „weg. Erwürgung s. Frau" vom Scharfrichter Johann Friedrich Gast (1815-1893) aus Fürstenberg/Oder hingerichtet. (Schlesische Provinzial-Blätter, Schlesische Chronik, 1864, Juli [S. 625])

Der „Raubmörder von Dertzow", Carl Friedrich Maasch, geboren zu Brunken bei Berlinchen in Pommern am 28. April 1824, „ein in den Annalen des Criminalrechts zu schrecklicher Berühmtheit gelangter Dieb, Brandstifter und 12facher Mörder" (Moniteur des Dates, 1869), der in der Nacht vom 10. auf den 11. Mai 1861 die Mühlenbesitzer Baumgardt'sche Familie bei Chursdorf ermordet, außerdem am 13. April 1858 die 60-jährige Landstreicherin Wall aus Altenfließ erwürgt, geschändet und in den See bei Wormsfelde gestoßen, in der Nacht vom 6. zum 7. August 1858 das 22-jährige Stubenmädchen Henriette Fehlhaber in Albertinenburg ermordet, am 18. Oktober 1860 die unverehelichte Zipperling bei Solding erwürgt und am 22. August den Fuhrmann Pieper bei Tiefensee erschossen hatte, wurde am 18. Juli 1864 zu Küstrin hingerichtet.

Am 19. Juli 1864 erfolgte zu Bautzen die Hinrichtung des wegen Mordes verurteilten 37 Jahre alten Webers Carl Gottlob Thonig aus Neukirch.

Der 20-jährige Gärtner und Vatermörder Franz Winkler aus Roms bei Reinerz wurde am 22. Juli 1864 im schlesischen Glatz wegen versuchten Mordes und vollendeten Vatermordes hingerichtet. (Schlesische Provinzial-Blätter, Schlesische Chronik, 1864, Juli (S. 625)) „In Glatz wurde am 22. d. ein 19jähriger Gärtnerssohn hingerichtet, der seinen eigenen Vater aus Rache für erlittene wohlverdiente Strafen vergiftet hatte." (Bohemia, 26. Juli 1864)

Am 23. Juli 1864 wurde im Zellengefängnis Moabit der 30 Jahre alte Hutmachergeselle Franz Joseph Schneider aus Werne im Kreis Lüdinghausen wegen Ermordung des Mannes seiner Geliebten (Raubmord), nur wenige Tage später, am 29. Juli 1864, wurden die Witwe Johanne Caroline Knothe und der Maurergeselle Johann Friedrich Steinmann wegen Giftmordes hingerichtet. (Ausführlich: „Herr Staatsanwalt, das Urteil ist vollstreckt." Die Brüder Wilhelm und Friedrich Reindel – Scharfrichter im Dienste des Norddeutschen Bundes und Seiner Majestät 1843-1898, ibidem-Verlag, Stuttgart 2011, S. 43 f.)

Am 28. Juli 1864 wurde in Dresden im Hof des Bezirksgerichtes der Gärtner Franz Joseph Schönfelder (aus Seitendorf bei Zittau gebürtig) mit dem Fallbeil hingerichtet. Er war schuldig erkannt worden, am 27. September 1862 den bekannten Raubmord an dem 14-jährigen Kaufmannslehrling Blechschmidt im Garten des Hofschauspielers Bogumil Dawison (1818-1872) verübt zu haben. „Derselbe erklärte, als man ihm die Bestätigung des Todesurtheils kundgab, daß er bei der Versicherung seiner Unschuld verbleibe, die Todesstrafe aber standhaft ertragen werde. Er hat auch bis zum Tode seine Schuld nicht eingestanden." (Bohemia, 29. Juli 1864)

Schuhmacher Ludwig Hilberg aus Ockershausen war dann am 14. Oktober 1864 auf dem Rabenstein bei Marburg der vorletzte, und ganz zuletzt wurde am 21. Oktober 1864 in Greiz-Löbau die Thüringer Hefehändlerin Marie Rosine, geschiedene Strauß, geborene Hemmann, aus Leiningen wegen Mordes mit dem Beil enthauptet.

Quellenexegese 1:

„**Ockershausen,** nahe bei Marburg, zu welchem es eingepfarrt ist, mit 120 H. und 753 E. und einigen öffentlichen Vergnügungsorten. Im J. 1784 brannte ein Viertheil des Dorfes ab. Zu Ockershausen befinden sich 2 ansehnliche Stiftungen, die michaelische und die des fürstlichen Leibarztes Dr. Johann Wolf. Die zu beiden gehörigen Gebäude waren ursprünglich Burgsitze. Das der michaelischen war 1525 von dem hessischen Kammermeister Philipp Chelius erbaut und 1612 von der Familie Scheffer erneuert worden; das der wolfschen hatte dem hessischen Hofmeister Peter v. Treisbach gehört, und wurde von dessen Erben, der Familie Keudel, 1592 an Wolf verkauft."

(Landau, Georg, Beschreibung des Kurfürstenthums Hessen, Theodor Fischer, Kassel 1842, S. 381 f.)

Ein beträchtlicher Teil der 823 Einwohner (213 Familien in 129 Wohnhäusern) wurde 1859 als arm bezeichnet. Fast die Hälfte der Familien musste sich hier mit Mietwohnungen begnügen. Stattliche Höfe waren selten. Einfache oder kleine Häuser herrschten vor, denn auch hier war die Bevölkerung stark angestiegen.[62]

Carl Bantzer: „Gehöfte in Ockershausen" (um 1876), Deutsches Dokumentationszentrum für Kunstgeschichte Bildarchiv Foto Marburg, 61 E (Ockershausen)

1865 wurde an der Ockershäuser Allee der neue Hauptfriedhof Marburgs eröffnet. Das erste Reihengrab wurde am 17. Juli 1865 mit der Witwe des Prokurators Baumgart im Quartier I an der rechten Außenkante belegt. Wilhelm Bücking (1818-1909), ehemaliger Lehrer der Elisabethschule und Marburger Lokalhistoriker, der sich unermüdlich um die Erforschung der Marburger Ge-

---

[62] Höck, Alfred, „Das kurhessische Dorf Ockershausen im Jahre 1859", in: Marburger Almanach 1979, S. 100-105.

schichte verdient gemacht hat, und der geschichtsinteressierte Pfarrer in Marburg und lutherische Generalsuperintendent in Kassel Wilhelm Kolbe (1826-1888) fanden dort ihre letzte Ruhe. Der Friedhof lag näher an Ockershausen als an der nordöstlich liegenden Innenstadt. Doch die Ockershäuser, damals noch selbstständig, hatten am Wiesenweg einen eigenen Friedhof, der bis heute noch von „echten" Ockershäusern genutzt wird.

Der Maler Carl Bantzer (1857-1941), am 6. August 1857 in Ziegenhain an der Schwalm geboren, kam nach dem frühen Tod seines Vaters, des Kreistierarztes des Kreises Ziegenhain Heinrich Bantzer (1809-1863), mit der alsbald zur Vormünderin bestallten Mutter Auguste, geborene Röhrich, und seinen drei Brüdern nach Marburg. Im Sommer des Jahres 1882 wohnte Carl Bantzer in Ockershausen und malte in dieser Zeit einige eindrucksvolle Werke: „Gehöft in Ockershausen" (Universitätsmuseum, Marburg), „Bauernstube in Ockershausen" (Sammlung der Stadt Marburg), „Hausthüre in Ockershausen" (Sammlung der Stadt Marburg) und die Stube des (1912 abgerissenen Hauses) der Wolffischen Stiftung in Ockershausen (Wolffsche Stiftung, Marburg).

Ortsschild von Ockershausen, oben am Tannenberg, mit Blick in einen Altbuchenbestand – Ockershausen hat eine grüne Umgebung. Foto: Johannes Linn

Ockershausen war wie Wehrda, Cappel und Marbach ein Hausdorf der Landgrafen von Hessen. Das Dorf wurde am 1. Januar 1931 in die Stadt Marburg eingemeindet. Ockershausen, das heute auch als „Dorf in der Kernstadt" bezeichnet wird, hatte zu dieser Zeit 1366 Einwohner.

Quellenexegese 2:

Annalen der Justiz und Verwaltung in Kurhessen.

XII. Band.   Cassel, den 1. Mai 1865.   **Nro. 7.**

Die Strafsache gegen Ludwig Hilberg von Ockershausen, wegen Ermordung der Dorothea Wiegand.

Die oben bezeichnete Strafsache hat ein außergewöhnliches Interesse erregt, nicht allein im größeren Publikum wegen der Schwere der begangenen That und der persönlichen Beziehungen des Mörders zur Ermordeten, sondern auch insbesondere bei den Juristen wegen des durch die mühsame und gründliche Voruntersuchung erbrachten Indicienbeweises, wie ein solcher in einer so überzeugenden Vollständigkeit — des hartnäckigen Leugnens des Angeklagten ungeachtet — nur selten vorkommt.

Aus diesen Gründen erscheint die Darstellung dieses Strafrechtsfalles in dieser Zeitschrift, obwohl derselbe zur Aburtheilung in oberster Instanz nicht gelangt ist, gerechtfertigt.

Der Anklageakt des Staatsprocurators enthält im Wesentlichen Folgendes: Ludwig Hilberg wurde auf Grund des Anklageerkenntnisses angeklagt, am 9. Sept. 1861 die, wie ihm bewußt, vom ihm schwangere Dorothea Wiegand von Ockershausen auf dem Dammelsberg bei Marburg in der auf vorbedachter Ueberlegung beruhenden Absicht, das Leben der D. Wiegand und ihre Leibesfrucht zu vernichten, nachdem er behufs Ausführung. dieses Entschlusses unter einem ihr Vertrauen täuschenden Vorwand eine Zusammenkunft mit derselben am Ort der That veranstaltet hatte, mittelst Durchschneidung ihres Halses getödtet zu haben.

25

Annalen der Justiz und Verwaltung

in Kurhessen.

XII. Bd.   Cassel. den 1. Mai 1865.   **Nro. 7.**

Die Strafsache gegen Ludwig Hilberg von Ockershausen, wegen Ermordung der Dorothea Wiegand.

Die oben bezeichnete Strafsache hat ein außergewöhnliches Interesse erregt, nicht allein im größeren Publikum wegen der Schwere der begangenen That und der persönlichen Beziehungen des Mörders zur Ermordeten, sondern auch insbesondere bei den Juristen wegen des durch die mühsame und gründliche Voruntersuchung erbrachten Indicienbeweises, wie ein solcher in einer so überzeugenden Vollständigkeit — des hartnäckigen Leugnens des Angeklagten ungeachtet — nur selten vorkommt.

Aus diesen Gründen erscheint die Darstellung dieses Strafrechtsfalles in dieser Zeitschrift, obwohl derselbe zur Aburtheilung in oberster Instanz nicht gelangt ist, gerechtfertigt.

Der Anklageakt des Staatsprocurators enthält im Wesentlichen Folgendes: Ludwig Hilberg wurde auf Grund des Anklageerkenntnisses angeklagt, am 9. Sept. 1861 die, wie ihm bewußt, vom ihm schwangere Dorothea Wiegand von Ockershausen auf dem Dammeisberg bei Marburg in der auf vorbedachter Ueberlegung beruhenden Absicht, das Leben der D. Wiegand und ihre Leibesfrucht zu vernichten, nachdem er behufs Ausführung dieses Entschlusses unter einem ihr Vertrauen täuschenden Vorwand eine Zusammenkunft mit derselben am Ort der That veranstaltet hatte, mittelst Durchschneidung ihres Halses getödtet zu haben.

Ludwig Hilberg, im Jahre 1837 zu Ockershausen geboren, ist der Sohn des im Jahre 1854 verstorbenen Tagelöhners P. Hilberg, welcher außer einigen mit Pfandschulden belasteten Grundstücken kein Vermögen hinterließ. Ludwig Hilberg hat von 1854 bis 1858 zu Barmen als Schuhmacher gelernt und gearbeitet, von da bis zum Frühjahr 1861 als Soldat gedient, und betrieb seitdem das Schuhmacherhandwerk im elterlichen Hause, welches er und seine Mutter allein bewohnten.

Das sittliche Betragen und die Gemüthsart des Angeklagten in der Ortsschule wird als „schlecht" und „sehr schlecht" bezeichnet. Insbesondere wird ihm Tierquälerei zur Last gelegt.

Nach der Confirmation war sein Betragen laut Ausspruchs der Kirchenältesten nicht gut. Im Jahre 1852 wurde er wegen Diebstahls mit 3 Wochen und wegen Beleidigung mit 4 Tagen geschärftem Gefängniß bestraft.

Am 12. September 1861, einem Donnerstag, machte der Forstlaufer Steinhardt die Anzeige, daß er Morgens 8 Uhr auf dem Dammelsberg, nahe bei Marburg, den Leichnam einer Frauensperson im Blute liegend gefunden habe. Das nach 10 Uhr Morgens eintreffende Gericht fand auf dem südlichen Abhang und im Walde des Dammelsbergs auf einem in der Nähe des Waldrandes her führenden Wege einen mit bäuerlichem Frauenanzug bekleideten leblosen Körper liegen, in dessen linker Hand ein zusammengefaltetes blutiges Tuch sich befand.

Der Kopf der Leiche war unbedeckt, der Haarzopf hing herunter; vor den Knieen lag ein Kamm und ein neues Mützchen mit zur Schleife gebundenen Bändern, ohne Blutspuren.

Am Halse der Leiche klaffte eine breite mit geronnenem Blut und Maden angefüllte Wunde, von welcher aus auf dem Erdboden eine 8 Fuß lange und 8 bis 10 Zoll breite Blutspur verlief.

In dieser Blutlache, fast unter der Mitte des linken Unterarms, lag ein Tischmesser mit Holzstiel und abgerundeter Klinge.

Oberhalb des Kopfes zeigte sich eine kleinere Blutspur, vor dem Unterleib eine Menge von solchen und vom rechten Knie ab eine 1 bis 2 Zoll breite Blutspur.

Das Gesicht der Leiche war unkenntlich, von Blut und Maden überdeckt; nach erfolgter Reinigung des Gesichts wurde die Leiche von mehreren Personen als die der Dorothea Wiegand von Ockershausen anerkannt.

Der Körper der Leiche war kräftig und 5½ Fuß lang. Auf der Vorderseite des Halses dicht unter dem Unterkiefer fand sich die erwähnte weitklaffende, 5 Zoll lange, 1½ Zoll tiefe, an der Grundfläche 3 1/3 Zoll messende scharfrandige Wunde, welche die Halsadern und den Kehlkopf bis auf die Halswirbel durchdrang.

Unterhalb dieser Wunde zeigten sich am Hals noch drei die Hautdecken durchdringende Schnittwunden.

Die rechte, mit halbgeronnenem Blut ausgefüllte, Hand zeigte auf der Innenseite des Mittel- und Ringfingers eine querlaufende Schnittwunde, die linke blutige Hand, in welcher das Tuch lag, auf der Innenseite des Zeigefingers zwei Hautabschürfungen, auf dem Mittelfinger nach innen eine Schnitt-, nach Außen eine Schramm- oder Schnittwunde.

An beiden Oberschenkeln und den von den Strümpfen unbedeckten Theilen der Unterschenkel fanden sich viele röthliche zum Theil der Haut beraubte Quetschungen und Eindrücke wie von Fingernägeln.

Die Gebärmutter enthielt eine regelmäßig gebildete Frucht von 16 bis 20 Wochen.

Dorothea Wiegand, 1837 außerehlich zu Ockershausen geboren, war, früh verwaist und verwahrlost, in dürftigen Umständen aufgewachsen. Sie hatte als Kind gebettelt, ernährte sich später als Tagelöhnerin und diente seit dem Juni 1861 in Argenstein.

    A.   Dorothea Wiegand ist durch fremde Hand gewaltsam getödet worden.

1) Nach dem Gutachten der Gerichtsärzte ist der Tod der x. Wiegand durch Verbluten in Folge der Durchschneidung sämmtlicher Gefäßstämme des Halses eingetreten, und mußte durch diese Halswunde allein unabwendbar nach wenigen Augenblicken erfolgen.

Daß die Entseelte diese und die drei anderen vorher entstandenen Halswunden sich selbst zugefügt habe, ist schon wegen der Schmerzhaftigkeit dieser Todesart und der dazu nöthigen Willenskraft sehr unwahrscheinlich. Die ganze Lage des Leichnams, die Mehrheit der Halswunden und der Blutspuren, die vielfachen, wahrscheinlich durch Eindrücken von Fingernägeln vor dem Tode entstandenen Quetschungen der zum Theil entblößten Schenkel — — so wie vor Allen die an beiden Händen gefundenen im Leben und vor den Halswunden entstandenen, diesen gleichartigen Schnittwunden setzen es außer Zweifel, daß dem Tod ein Kampf mit einer feindlichen Gewalt vorausging, bei welchem die

Getödtete das schneidende Werkzeug abzuwehren und zu entwinden suchte und daß sie liegend überwältigt und dann der tödtliche Halsschnitt vollführt wurde.

2) Daß mit dem bei der Leiche gefundenen Tischmesser, dem Werkzeug, mit welchem Dorothea Wiegand sich entleibt haben müßte, die Wunden derselben zugefügt sind, ist bei der Mehrheit derselben und der Große des Blutverlustes deshalb nicht anzunehmen, weil am Stiel nur wenige — wie von einem blutigen Finger aufgedrückte — an der sonst blanken Klinge aber nur die Blutspuren sich fanden, wo jene unter dem Blutstrom lag. Dorothea Wiegand hat nach den eingetretenen Ermittelungen dieses Messer auch niemals besessen.

Das in der linken Hand des Leichnams gefundene regelmäßig zusammengefaltete Tuch ist nach dem ärztlichen Gutachten erst nach erfolgtem Tod in dieselbe gebracht

Als bereits am 11. September Nachmittags der Privatmann Schäfer bei einem Spaziergang am Dammelsberg die Leiche gesehen hatte, ohne jedoch davon eine Anzeige oder Mittheilung an Andere zu machen, lag das Messer nicht in sondern neben der Blutlache, und das Tuch auf der Erde neben dem Hals der Leiche. Beide Gegenstände sind also erst nach dem Tode der Dorothea Wiegand durch einen Anderen in ihre spätere Lage gebracht worden, offenbar, um den Schein eines Selbstmordes glaublicher zu machen, welchem die inneren Handverletzungen am auffälligsten widersprechen.

Ueberdies hatte Dorothea Wiegand keinen Anlaß sich das Leben zu nehmen. Sie hatte sich am Tage vor ihrem Tode neue Mützenbänder gekauft und diese am 9. September angenäht, die Familie Nikol zu Ockershausen in vergnügter Stimmung verlassen, ihre Schuhe bei Ludwig Hilberg mit Nägeln beschlagen lassen und wollte an demselben Tage nach Argenstein in ihren Dienst zurückkehren.

Seit dem Morgen des 9. September war Dorothea Wiegand verschwunden und nach dem am 12. September abgegebenen Gutachten der Aerzte der Tod 3, höchstens 4 Tage vorher erfolgt. Dorothea Wiegand muß also Montag den 9. September ihr Leben geendigt haben.

Gerade am Morgen dieses Tags zwischen 9 und 10 Uhr wurde von mehreren auf dem Abhang des Dammelsbergs beschäftigten Leuten von der Stelle des nahen Waldes her, an welchem die Leiche gefunden wurde, plötzlich ein auffallendes, nach zeitweiser Unterdrückung sich wiederholendes jammervolles Schreien und Hülferufen einer weiblichen Stimme gehört.

Nach den Wahrnehmungen der betr. Zeugen erfolgten zuerst mehrere ganz laute, dann gedämpfte Schreie, nach einer kurzen Stille ertönte noch ein schreckliches Aufschreien und dieses ging in ein Stöhnen und Wimmern über, welches nach einigen Minuten verstummte. Die Zeugen Frank und Koch hörten die Stimme mehrmals ängstlich um Hülfe rufen. Frank eilte nach der Richtung des Schreiens hin und horchte, kehrte aber, da sich nichts mehr hören ließ und er Niemand sehen konnte, an seine Arbeit zurück.

Die von den Zeugen Frank und Immike sowie andererseits von G. Klippert bezeichneten Richtungen des Schreiens treffen an der Stelle, an welcher die Leiche gefunden wurde, zusammen. An dieser Stelle hat Dorothea Wiegand ihren Tod gefunden, da hier, die Spuren der Verblutung sich zeigten, und die Wahrnehmungen der erwähnten Zeugen stimmen mit dem aus dem Befund zu schließenden Hergang überein.

    B.   Der Angeklagte **Ludwig Hilberg** ist der Urheber der den Tod der **Dorothea Wiegand** bedingenden Verletzungen.

1)   Der Angeklagte hatte einen genügenden Beweggrund und zur Zeit der That dringenden Anlaß, die x. Wiegand zu beseitigen.

a. Ein Interesse am Tode der Dorothea Wiegand ist nur bei ihrem Schwängerer zu finden und dieser war der Angeklagte. Nach dem Leichenbefunde ist die x. Wiegand in der Zeit von Ende April bis Ende Mai 1861 geschwängert worden. Seit April bis Ende Juni und bis zu ihrem Dienstantritt zu Argenstein hatte die x. Wiegand sehr häufig in dem einsam gelegenen Hilberg'schen Hause als Tagelöhnerin gearbeitet, und war bei diesen Gelegenheiten, da die Wittwe Hilberg von früh morgens an in Marburg zu arbeiten pflegte, oft und tagelang mit dem Angeklagten allein. Beide scherzten zusammen und das Lachen der x. Wiegand wurde im Nachbarhause der Ehefrau Scheerer gehört. Sie wurde wiederholt von mehreren Zeugen — auch wohl bei geschlossener Hausthür — mit dem Angeklagten allein und ohne Beschäftigung angetroffen, und besuchte die Familie Hilberg auch Abends und an Sonntagen. Sie ließ bei dem Angeklagten ihre Schuhe machen und erzählte rühmend, daß dieser ihr solche liefere, auch wenn sie nicht gleich bezahlen könne; sie eilte Abends öfter von ihrer Arbeit bei Anderen weg, weil sie noch zu „ihrem Ludwig" müsse. Sie erklärte der Zeugin Bom, daß L. Hilberg ihr Liebhaber sei, und hat, zum Bewußtsein ihrer Schwangerschaft gelangt, bei vielen Personen den Angeklagten als ihren Schwängerer bezeichnet.

Der Angeklagte selbst hat seinen Mitgefangenen Schulz und Bohnert gestanden, daß er „früher" und daß er „etwas" Liebschaft mit der Getödteten gehabt, — dem Johs. Heckmann erzählt, daß er sie öfter fleischlich gebraucht habe, und nach dem Zeugniß der Zeugin Moog selbst der C. Bald mitgetheilt, daß Dorothea Wiegand von ihm schwanger gewesen sei.

b. Dieselbe hat dem Angeklagten gegenüber ihre Schwangerschaft geltend gemacht und von ihm Versprechungen erhalten.

Vom 8. August 1861 an befand sich die x. Wiegand wegen eines Fiebers im Landkrankenhaus zu Marburg und hier wurde ihre Schwangerschaft ärztlich bestätigt. Sie sagte, daß sie deshalb an ihren Burschen in Ockershausen schreiben wolle, entschloß sich jedoch auf Anrathen, die Sache mündlich abzumachen.

Am 22. August aus dem Landkrankenhause entlassen erzählte sie auf dem Wege nach Ockershausen der Ehefrau Förster, daß sie dorthin zu ihrem Burschen, einem Schuhmacher, gehen wolle, da ihr verrathen worden, daß er allein sei, um ihn durch ärztliche Bescheinigung von ihrer Schwangerschaft zu überzeugen, die er bisher noch nicht habe glauben wollen. Damals sah auch H. Schneider die

Wiegand vom Hilberg'schen Haus her kommen und hörte von ihr, daß sie bei „Hett'ches Ludwig" (ein Dorfnamen des Angeklagten) gewesen sei.

Am folgenden Tage erzählte sie der Katharine Textor, daß sie bei ihrem Burschen in Ockershausen gewesen sei und von diesem bereits 4 Thlr. erhalten habe, um sich etwas zu kaufen.

c. Der Angeklagte wurde durch die Schwangerschaft der x. Wiegand in eine peinliche Lage versetzt. Daß er die Entdeckung der ersteren fürchtete, zeigen die Aeußerungen der x. Wiegand zu Katharine Textor und den Ehefrauen Goßmann und Förster, daß ihr Bursche ihr anbefohlen, Niemand zu sagen, daß er ihr Schwängerer sei, daß er ihr Geld gegeben und Weiteres versprochen habe.

Der Angeklagte hatte die Entdeckung und weitere Geltendmachung der Schwangerschaft der x. Wiegand und der dieser gemachten Versprechungen deshalb zu fürchten, weil er unter Zustimmung seiner Mutter mit Regine Dörr aus Bauerbach ein Eheverlöbniß eingegangen hatte und dessen baldige Vollziehung beabsichtigte. Die im Dorfe wenig geachtete und geistesbeschränkte Dorothea Wiegand konnte dem als stolz geschilderten Angeklagten für Regine Dörr keinen Ersatz bieten; er hat jene vor Anderen niemals beachtet und mit Widerwillen an eine Heirath mit ihr gedacht. Auf eine Aeußerung des H. Schneider, daß er die x. Wiegand heirathen könne, da sie ihm die Arbeit thue, erwiderte der Angeklagte: „er wolle lieber nicht auf der Welt sein, als ein solches Geschüssel im Hause haben." Nach dem Zeugniß der Katharine Moog äußerte Hilberg: „er habe die Getödtete nicht heirathen können, da sie arm gewesen", nach Aussage der Elise Wagner: „er habe die x. Wiegand nicht leiden können, da sie häßlich gewesen sei und ein dickes Maul gehabt habe", und bei Nikolaus Schulz: „das miserable Mensch sei ihm noch viel zu schecht gewesen."

Der Angeklagte hatte ferner den Unwillen seiner Mutter zu fürchten, bei welcher er sich aufhielt und welche ihm das elterliche Besitzthum zu übergeben beabsichtigte. Dorothea Wiegand äußerte zu Helene Funk: die Mutter ihres Burschen dürfe nichts von ihrer Schwangerschaft erfahren, — und zur Ehefrau Pletsch: ihr Bursch sei zwar ehrlich, aber seine Mutter sei zu schlimm.

Der Angeklagte hat dem Jacob Zinser erklärt: seine Mutter habe gesagt, er solle ja nicht das Ockershäuser Mensch in's Haus bringen, sonst werde sie Beide aus dem Haus werfen, — und nach Aussage der Elise Wagner: er habe Ungelegenheiten dadurch gehabt, daß seine Mutter das Mädchen nicht habe leiden können, und deshalb immer gezankt habe.

Die Lage des Angeklagten mußte immer drückender werden, als D. Wiegand ihn am 22. August von ihrer Schwangerschaft überzeugt, wegen dieser am 7. September ihren Dienst in Argenstein verlassen hatte, ohne einen anderen in Marburg zu finden, und als sie am 7. und 8. September auffallend häufig in das Hilberg'sche Haus kam.

Diese Besuche der Getödteten sind nicht aus dem einzigen Zweck, ihre Schuhe zu besorgen, wohl aber daraus erklärlich, daß die x. Wiegand damals mit ihren Ansprüchen dringender hervortrat.

Jetzt war für Hilberg der Augenblick gekommen, sich der ihn drückenden Last zu entledigen, und seinem Lebensglück, seinem Verlöbniß und dem häuslichen Frieden die x. Wiegand zu opfern.

2) Der Angeklagte hat seinen zur That reifenden Entschluß, der Ausführung genau entsprechend, zu erkennen gegeben.

a. Als Dorothea Wiegand aus dem Landkrankenhaus nach Argenstein zurückgekehrt war, den Angeklagten von ihrer Schwangerschaft überzeugt und 4 Thlr. von demselben erhalten hatte, erzählte sie am folgenden Tag der Katharine Textor: ihr Bursche habe gesagt, sie solle nicht sprechen, daß sie von ihm schwanger sei, sonst wolle er ihr den Hals abschneiden.

Um dieselbe Zeit äußerte sie zu Katharine Born: ihr Bursch habe ihr anbefohlen, nicht zu sagen, daß sie von ihm schwanger sei, dann wolle er ihr ein Bett kaufen, spreche sie es aber, dann wolle er ihr den Hals abschneiden.

b. Als Justus Vormschlag im August 1861 im Hilberg'schen Hans eine Thür ausbessern sollte, und mit Beziehung auf die hieran geknüpfte vom Angeklagten als möglich bejahte Frage, ob er etwa heirathen wolle? äußerte, dann möge er sich vorsehen, daß er keine böse Frau bekomme — erwiderte der Angeklagte, welcher gerade mit Schuhmacherarbeit beschäftigt und ohne daß von der Dorothea Wiegand (welche im Dorfe unter dem Spottnamen „das Hinkel" bekannt war) die Rede gewesen war: „das werde er schon thun; wenn er eine Frau bekomme, wie das Hinkel, dann schneide er ihr gleich den Hals ab. Auf den Vorhalt des x. Vormschlag, daß das nicht so gehe, setzte der Angeklagte hinzu: „das wäre ihm gar nichts, es solle nur ein Ratsch sein, dann wäre der Hals ab", indem er hierbei mit einem Messer, mit welchem er an Schuhen arbeitete, eine schneidende Bewegung über seinen Hals hin machte. Vormschlag erwiderte: wenn aber so etwas herauskomme, könne Einer sein Lebtag in die Eisen kommen, das werde gar hart gestraft, worauf der Angeklagte lachend antwortete: „das sollte kein Mensch nicht gewahr werden."

Diese Unterredung wurde auch von der Ehefrau Vormschlag an der Thüre mit angehört.

Der Angeklagte hat die bezeugten Aeußerungen früher entschieden geleugnet, später aber dahin erklären wollen, daß er vom Schlachten von Hinkeln (jungen Hühnern) für eine Frau in Cassel erzählt habe, ohne die letztere irgendwie bezeichnen oder den Zusammenhang einer solchen Erzählung glaublich machen zu können.

e. Gerade zur Zeit des Todes der x. Wiegand waren die Bedingungen erfüllt, an welche der Angeklagte die Verwirklichung seiner Drohungen geknüpft hatte. Dorothea Wiegand war in der Lage, das ihr gegebene Eheversprechen geltend zu machen; sie hatte den Angeklagten vielfach als ihren Schwangerer bezeichnet und es konnte die weitere Veröffentlichung dieses Verhältnisses nicht ausbleiben, und sie hat in dieser Zeit ihren gewaltsamen Tod genau den Drohungen des Angeklagten entsprechend gefunden, sie ist mittelst Durchschneidung des Halses mit einem kräftigen Messerzug getödtet worden.

Hierzu sind nach gerichtsärztlichem Gutachten diejenigen Schnittwerkzeuge geeignet, welche der Angeklagte in seinem Handwerk benutzt und in deren Führung er geübt ist; insbesondere zwei von ihm geständigermaßen besessene und gebrauchte Schustermesser, und ein erst im December 1863 im Hilberg'schen Hause aufgefundenes abgeschliffenes Tischmesser.

Die Ausführung der That erscheint hiernach aus dem Willen desjenigen hervorgegangen, der jene Drohungen geäußert hatte.

3) Der Angeklagte ist am Orte der That zur Zeit derselben mit Dorothea Wiegand zusammen getroffen.

a. Montag den 9. Sept., Morgens zwischen 7 und 8 Uhr, verließ die x. Wiegand die Familie Nikol, um bei dem Angeklagten ihre neuen Schuhe mit Nägeln beschlagen und die alten ausbessern zu lassen, und dann nochmals in der Stadt nach einem Dienste zu fragen.

Die Zeugen Steitz, Prinzer und Scherer sahen sie um jene Zeit nach der Wohnung des Angeklagten gehen, welcher damals allein zu Haus war und selbst angiebt, daß er der Dorothea Wiegand in deren neue Schuhe, die sie dann anzog, Nägel geschlagen habe.

Nach viertelstündigem Verweilen sahen Prinzer und Scherer sie vom Haus des Angeklagten zurückkommen.

Es war etwa ¼ nach 8 Uhr, als die Ehefrau Schneider die x. Wiegand vom Hilberg'schen Hause herab in das Dorf gehen sah.

Die Ehefrau Törner, welche in die Sandgrube gehen wollte und ihre Begegnung bald nachher der Ehefrau Naumann erzählt hat, traf an jenem Morgen mit der x. Wiegand in Ockershausen zusammen. Die letztere kam von dem Theil des Dorfes her, in welchem der Angeklagte wohnt, und sagte, daß sie nach dem Dammelsberg gehen wolle, daß ihr Bursch sie dorthin bestellt habe und ihr etwas geben wolle.

Die x. Wiegand und die genannte Zeugin gingen hierauf den nach dem Rothenberg führenden Weg (die s. g. hohe Leuchte) hinauf bis auf die Höhe, von wo die x. Wiegand nach dem nahen Dammelsberg ging. Die Zeugin sah, daß jene die eingeschlagene Richtung fortsetzte und gewahrte sie zuletzt nahe an der Stelle, wo der Weg in den Wald des Dammelsbergs einbiegt.

Die Getödtete hatte auf diesem Weg von, Haus des Angeklagten bis an die Stelle des Waldes, an welcher sie später in derselben Bekleidung todt gefunden wurde, in welcher sie die Familie Nikol verlassen hatte und von den Zeugen Prinzer, Scherer und Ehefrau Torner zuletzt gesehen wurde, — etwa eine halbe Wegstunde zurückzulegen und konnte also gegen 9 Uhr dort angelangt sein.

b. Auch der Angeklagte hat bald nach dem Weggang der x. Wiegand seine Wohnung verlassen. Er erzählte den Zeugen Marcus und Schulz, daß er nach dem Beschlagen der Schuhe in die Stadt gegangen sei, nach welcher auch Dorothea Wiegand habe gehen wollen.

c. An demselben Morgen war, der inmittelst verstorbene Jacob Weber von Marbach, ein als völlig zuverlässig bezeugter Mann,— nach den seiner Frau, seiner Tochter und der Johanne Eskuche alsbald nach der Verhaftung des Angeklagten und wiederholt in gleicher Weise gemachten Mittheilungen — auf einem zwischen dem Dammelsberg und der Stadt gelegenen Acker bei dem Wirthshaus des verstorbenen G. Treuer (dem s. g. bunten Kitzel) mit Feldarbeiten beschäftigt, als er zwischen 9 und 10 Uhr den ihn: genau bekannten Angeklagten von der Stadt und zwar von dem Renthofe her kommen sah und dann in der Treuer'schen Wirthsstube antraf.

Hilberg trank ein Glas Branntwein und sprach mit Treuer über das Sohlen von Stiefeln desselben, welche er in der Hand hatte.

Nach eingenommenem Frühstück auf den Acker zurückgekehrt sah Weber den Hilberg vom „bunten Kitzel" auf dem Pfad neben der Hecke des Bickell'schen Gartens herkommen. Er war mit einem blauen Kittel und dunkeln Hosen bekleidet und trug in der Hand ein in ein rothes Taschentuch gebundenes Päckchen, in welchem Weber die Stiefeln des Wirthes Treuer vermuthete.

Der Pfad, auf welchem Weber den Angeklagten weggehen sah, führt in der Richtung nach dem Dammelsberg entweder auf den in den Wald des letzteren mündenden Weg oder auf den unter diesem sich herziehenden s. g. Sandweg. Auf dem ersteren hatte Hilberg bis zur Stelle der That nur 8 Minuten zurückzulegen und konnte auch von dem "letzteren aus in derselben Zeit leicht an jene von hier nur 220 Schritte entfernte Stelle gelangen.

Von seiner Wohnung nach dem „bunten Kitzel" bot sich dem Angeklagten ein Weg über Marburg von höchstens 38 Minuten oder durch den wenig sichtbaren Pfad, den s. g. Kuttner, über die Felder des Rothenbergs von pp. 30 Minuten dar. Er konnte also bald nach 9 Uhr mit Dorothea Wiegand auf dem Dammelsberg zusammengetroffen sein.

Daß dieser vom Angeklagten geleugnete Gang über den „bunten Kitzel" einen geheimen Zweck hatte, ergibt sich daraus, daß nach dem Zeugniß der Wittwe Treuer der Angeklagte sin ihre Familie niemals als Schuhmacher gearbeitet hat, also die Unterredung mit Treuer über von ihm zu besohlende Stiefeln als ein Vorwand erscheint, durch welchen Hilberg den wahren Zweck seines Ganges zu verbergen suchte. Hiermit stimmt überein, daß Jacob Weber nach seiner Mittheilung an seine Ehefrau das damalige Benehmen des Angeklagten sonderbar gefunden hat,

d. Der Angeklagte hat im Gefängniß dem J. Heckmann erzählt: D. Wiegand habe sich einmal bei ihm Nägel in die Schuhe schlagen lassen; bei dieser Gelegenheit habe er sie bestellt, sie solle hernach in den Dammelsberg kommen, wo er sie treffen wolle. Die x. Wiegand sei dann von ihm fort und er sei bald hinter ihr her nach dem Dammelsberg gegangen. Dort hätten sie sich getroffen.

Auch seiner Vertrauten, Katharine Bald, hat der Angeklagte nach dem Zeugniß des Hirsch Stilling und der Katharine Moog erzählt: er habe der D. Wiegand an jenem Morgen die Schuhe beschlagen und sie auf den Dammelsberg, wo sie sich treffen wollten, bestellt, — sowie nach Aussage der Katharine Moog, daß er sich vorher Muth getrunken habe.

e. Gerade zu der Zeit, in welcher Dorothea Wiegand mit dem Angeklagten im Walde des Dammelsbergs zusammengetroffen ist, wurde dort die That verübt.

Nach Aussage der in der Nähe beschäftigten Zeugen war es zwischen 9 und 10 Uhr, als sie vom Orte der Auffindung der Leiche das jammervolle Schreien vernahmen.

4) Der Angeklagte ist kurz nach der That unter Zeichen des verübten Verbrechens gesehen worden.

Vom Ort der That zurückeilend brauchte der Angeklagte nur etwa 17 bis 19 Minuten, um auf dem nächsten Wege durch den s. g. Kuttner bergabwärts unbemerkt in seine Wohnung zurück zu gelangen. Er konnte also gegen 10 Uhr nach Haus zurückgekehrt sein.

Kurz nach 10 Uhr sah die Wittwe Becker den Angeklagten mit einem blauen Kittel und einer Soldatenmütze bekleidet eilig von seinem Haus herunter kommen, den nach dem Dorfbrunnen führenden Weg einschlagen, kurz darauf, etwa nach 10 Minuten wieder zurückkehren und schon nach 5 oder 10 Minuten abermals von seinem Haus herunter nach derselben Richtung weggehen. Er war im Gesicht auffallend geröthet, beeilte sich und bot der Zeugin gegen seine Gewohnheit nicht die Zeit. Bei dem ersten Vorübergehen bemerkte diese, daß etwas Graues oder Blaues unter seinem Kittel hervorsah.

Hieran schließt sich die Wahrnehmung des Schulknaben Wolf, welcher nach 10 Uhr an der nach Marburg führenden Dorfstraße Steine zu schlagen sich anschickte, als er den Angeklagten aus dem Dorf und der von der Wittwe Becker bezeichneten Richtung in derselben Kleidung nach der Stadt hin vorüber gehen sah und bis an das Ende des Dorfes bemerkte. Auch diesem Zeugen erschien Hilberg im Gesicht mehr als gewöhnlich geröthet.

Der Angeklagte befand sich also unmittelbar nach der Zeit, in welcher die blutige That geschehen war, in auffallender Erregung. Für diese ist eine unverdächtige Erklärung nicht zu finden gewesen, da er anstrengende Arbeiten nicht verrichtet hatte, sondern nur mit dem Besohlen von Schuhen sich beschäftigt haben will, da er von seiner höher und kühl gelegenen, vom Standort des Zeugen Wolf nur 2 bis 3 Minuten entfernten Wohnung herabkam und die Tageswärme nicht beträchtlich war. Wohl aber erklärt sich die Aufregung des Angeklagten aus dem eben verübten Verbrechen und aus der Eile, mit welcher er den Ort desselben verlassen mußte.

Der Angeklagte hat diesen Ausgang zuerst geleugnet, später aber behauptet, er habe damals Wasser geholt. Allein auch dieses Vorgeben ist durch die Aussage der Wittwe Becker und des Johs. Wolf widerlegt, wonach der Angeklagte in der Kleidung, welche er bei Ausgängen außerhalb des Dorfs zu tragen pflegte, ohne ein Wassergefäß am Brunnen weit vorüber nach Marburg hin gegangen ist. Der Zweck des Ganges ist hiernach nur in der Bewältigung der inneren Erregung, der Erkundigung, ob die That noch verborgen war, oder in der Beseitigung von Verdachtsspuren zu finden.

5) Der Angeklagte kann sich über sein Treiben zur Zeit der That nicht ausweisen und seine Angaben hierüber sind widerlegt.

a. Der Angeklagte hat behauptet, vom frühen Morgen des 9. September an bis Nachmittags gegen 3 Uhr in seiner Wohnung geblieben zu sein und ein paar Schuhe des Forstlaufers Becker besohlt, diese Arbeit aber nur unterbrochen zu haben, um spät am Morgen dem Gelderheber Burk Steuern zu bezahlen, gegen Mittag sich Kaffee zu kochen und die Ziegen zu füttern. Nachmittags sei er nach Marburg gegangen, habe bei der Wittwe Kühl Birnen gebrochen, bei der Wittwe Bücking Kaffee gekauft und dargeliehenes Geld zurückgezahlt und sei gegen 4 Uhr wieder nach Haus gekommen. Sonstige Ausgänge hat er beharrlich geleugnet und erst als solche erwiesen waren, behauptet, auch bei der Ehefrau Seip nach einem vom Schuhmacher Rehn mitzubringenden Leisten gefragt und in Gegenwart der M. Löwer im Garten Tuch begossen zu haben. Nach späteren Angaben will er Nachmittags auch im Kuhl'schen Garten Nesseln geholt und hierzu eine knappe Stunde gebraucht haben.

Allein nach dem Zeugniß des H. Blaufuß hat der Angeklagte bereits kurz nach sechs Uhr Morgens bei Burk Steuern bezahlt; bei dem Schuhmacher Rehn hat er durch die Ehefrau Scip erst am nächsten Donnerstag nach dem Leisten fragen, und die Wittwe Kühl hat den Angeklagten am 9. September erst bestellen lassen, um am folgenden Tag Birnen zu brechen. Die Zeugin Löwer hat ihn nur einmal mehrere Wochen vor der Auffindung der Leiche im Garten gesehen und die Wittwe Bücking bezeugt, daß der Angeklagte erst am Donnerstag (12. Sept.) in ihrem Laden war.

b. Der hiernach dem Angeklagten verbleibende Zeitraum wurde durch seine häuslichen Arbeiten bei Weitem nicht ausgefüllt. Das Besohlen der Schuhe des Forstlaufers Becker hatte er Morgens 6 Uhr begonnen und als Becker dieselben Nachmittags gegen 4 Uhr abholen wollte, noch nicht ganz vollendet. Nach dem Gutachten der Sachverständigen braucht ein mittlerer Arbeiter, wie der Angeklagte, zu einer solchen Arbeit 3 bis 3½ Stunden.

Rechnet man nun auf seine sonstigen Hausarbeiten und das Beschlagen der Schuhe der Getödteten eine Stunde und selbst auf den behaupteten Gang nach dem Kuhl'schen Garten eine weitere Stunde, so bleibt ein Zeitraum von wenigstens 4½ Stunden unausgefüllt übrig. Schon eine Zeit von 1½ bis 1¾ Stunden genügte aber für den Angeklagten, um selbst aus dem weitesten Wege von 38 Minuten nach dem „bunten Kitzel" zu gehen, dort einige Zeit zu bleiben, von da nach dem 8 Minuten entfernten Ort der That sich zu begeben, dort über eine Viertel- bis zu einer halben Stunde zu verweilen und auf einem Weg von höchstens 19 Minuten nach Haus zurückzukehren.

Gerade dieser zur Ausführung der That ausreichende Zeitraum liegt zwischen den Wahrnehmungen der Wittwe Becker und des Zeugen Wolf einerseits, welche den Angeklagten kurz nach 10 Uhr von seiner Wohnung herkommen sahen — und andererseits der Zeit, zu welcher der Angeklagte nach seinen Aeußerungen bei H. Marcus, N. Schulz und J. Heckmann, nämlich bald nach dem Weggang der D. Wiegand, also etwa ¼ nach 8 Uhr, seine Wohnung verlassen hatte; die außerdem noch bleibende Zeit aber war zu einem weiter zu erwähnenden Ausgang in die Gegend von Haddamshausen genügend.

6) Der Angeklagte hat am 9. September und den folgenden Tagen verdächtige Ausgänge gemacht und sich in der Nähe des Orts der That aufgehalten.

a. An einem der drei ersten Morgen der fraglichen Woche gegen 9 Uhr sah A. Meisel den Angeklagten mit einem blauen Kittel und einer Militairmütze bekleidet von seinem Haus her nach dem Kuttner hin gehen, — und im Anfang der Woche nicht lange vor Mittag sah die Wittwe Treuer auf dem bunten Kitzel aus dem Gebüsch des Dammelsberges an einer nur drei Minuten von dem Platz, an welchem die Leiche gefunden wurde, entfernten Stelle einen jungen Menschen von der Gestalt und dem Aussehen des Angeklagten, welcher, wie dieser einen blauen Kittel, dunkle Hosen und in der Hand ein rothes Päckchen trug, herauskommen und sehr eilig über den angrenzenden Acker laufen.

Am Nachmittag des 9. September gegen 3 Uhr wurde der Angeklagte, mit einer Militairmütze und einem blauen Kittel bekleidet und ein in ein buntes Tuch gebundenes Päckchen tragend, von den Ehefrauen des Joh. und des Heinr. Menche, eine Stunde von Ockershausen entfernt, auf dem Weg von Haddamshausen nach Niederweimar rasch vorüber gehend gesehen, nachdem er erst am 7. Sept. Schuhe nach Haddamshausen und Hermershausen gebracht hatte. Von diesem Gang konnte er gegen 4 Uhr zu Haus wieder angelangt sein.

An demselben Nachmittag etwa um 4 Uhr sah A. Schrodt den Angeklagten von seinem Haus her kommen, und den nach dem Rothenberg führenden Hohlweg, den s. g. Kuttner, nachdem er sich vorher umgesehen hatte, rasch hinaufgehen. Er war mit einem blauen Kittel, einer dunkelen Hose und einer Soldatenmütze bekleidet und trug ein in ein rothes Tuch gebundenes Päckchen in der Hand.

Zu derselben Zeit sah M. Höhl, welcher von 3 bis 5 Uhr auf dem Rothenberg hütete, von der Richtung des etwa vierzehn Minuten entfernten Kuttners her den Angeklagten in derselben Kleidung und mit einem bunten Päckchen in der Hand über das Feld kommen und nach dem nahen Dammelsberg und dem unterhalb des Waldes sich hinziehenden Sandweg hingehen. Daß Höhl in der That, wie er glaubt, seine Wahrnehmung am Montag machte, wird durch die Zeitangaben der mit ihm gleichzeitig auf den umliegenden Feldern beschäftigten Zeugen bestätigt.

c. Dienstag oder Mittwoch Nachmittag gegen 2 Uhr sah C. Weidenhausen den Angeklagten in derselben Kleidung von seinem Haus herkommen und den Kuttner hinauf eilen.

Montag oder Dienstag begegnete er der Catharina Seip und dem J. Vormschlag mit einem Päckchen in einem rothen Tuch, Dienstag den Ehefrauen Eifert und Bauer auf dem Weg von Marburg nach Ockershausen.

Mittwoch sah ihn Catharina Schneider von dem nach dem Sandweg in die Gegend des Dammelsberg führenden Weg und Donnerstag Morgen sah ihn S. Struth aus derselben Richtung herunter kommen.

d. Diese Ausgänge werden vom Angeklagten zum Theil geleugnet, im Uebrigen nicht erklärt. Der Weg auf die Hilbergschen Aecker führte ihn nicht durch den Kuttner und seine Kleidung läßt auf weitere Gänge schließen.

Die Eile des Angeklagten fiel den Zeugen Schrodt und Weidenhausen auf; sein Wesen schien der Catharina Seip verstört und gedrückt und der S. Struth gab er als Zweck seines Ganges unwahr an, daß er vom Schuhmacher Rehm bestellt sei.

Selbst wenn die Wahrnehmungen des A. Meisel und der Wittwe Treuer sich nicht auf den Montag beziehen, somit nicht die damalige Zusammenkunft mit der Getödteten am Orte der That bestätigen sollten, ergiebt sich jedenfalls eine mehrfache und verdächtige Anwesenheit am Orte der That und in der Nähe desselben. Alle diese Ausgänge sind erklärlich aus der Gewissensunruhe des Angeklagten, aus seinem Bestreben, nachzuforschen, ob die That noch verborgen sei, und aus der Beseitigung verdächtigender Gegenstände. Insbesondere haben sich die von der x. Wiegand bei dem Angeklagten zum Ausbessern zurückgelassenen Schuhe, welche jenem eine lästige Erinnerung sein mußte, nicht wieder gefunden.

Da ferner das bei der Leiche gefundene Messer erst nach der That unter den Blutstrom gelegt und das in der Hand der Leiche befindliche Tuch ebenfalls erst später in diese Lage gebracht worden ist, so erscheint die Annahme begründet, daß der Angeklagte bei einem der erwähnten Gänge das Messer neben die Leiche gelegt oder beide Gegenstände in die Lage gebracht hat, in welcher sie bei der gerichtlichen Aufnahme der Todten sich befanden.

Nach Aussage der Katharina Moog hat der Angeklagte der Katharina Bald mitgetheilt, er habe dem Mädchen das Messer in die Hand gelegt, damit es scheine, als ob es sich selbst das Leben genommen habe. Katharina Bald hat der Elise Schmidt erzählt, dieses Messer gehöre der Schwester des Angeklagten, welche es mit anderen geerbt habe. Daß das Messer im Besitz der letzteren oder des Angeklagten selbst gewesen ist, wird durch die Aussage der Eheleute Herzberger, bei welchen Katharina Hilberg in den Jahren 1857 — 1859 diente und sowohl vom Angeklagten als ihrer Mutter mehrmals besucht wurde, so wie durch die Aussage des A. Steinberger unterstützt, wonach erstere ein ganz ähnliches, mit demselben Fabrikzeichen versehenes Messer besaßen, welches in der zweiten Hälfte des Jahrzehnts noch vorhanden war und später um die erwähnte Zeit entkommen ist.

7) Der Angeklagte hat seit dem Tode der **D. Wiegand** veränderte Kleidung getragen und es sind Kleidungsstücke desselben verheimlicht und beseitigt worden.

a. Als der Angeklagte am 9. September Morgens nach 10 Uhr von seinem Hause nach der Stadt ging, trug er einen, wie es dem Zeugen Wolf schien, neuen Kittel;

er ging seit diesem Tage in neuer und besserer Kleidung und trug nur noch einen neuen (s. g. rauhen) Kittel.

In der Untersuchung hat der Angeklagte beharrlich geleugnet daß er, wie gleichwohl erwiesen wurde, außer jenem neuen und mein abgetragenen auch noch einen dritten Kittel besitze. Diesen dritten Kittel, welcher augenscheinlich gewaschen ist, hat die Wittwe Hilberg erst nach mehreren Monaten dem Gericht übergeben. Da die spätere Erklärung des Angeklagten, er habe gefürchtet, daß der Kittel wegen der Kosten dieses Strafverfahrens in Beschlag genommen werde, unglaubhaft erscheint, so liegt die Annahme nahe, daß derselbe verheimlicht worden ist, um Spuren des Verbrechens daran zu vertilgen.

Bei einer späteren Nachsuchung haben sich im Hilberg'schen Haus auch die Reste einer zerschnittenen weißen Hose des Angeklagten gefunden.

Zu Katharina Bald äußerte Hilberg nach Aussage des Zeugen Stilling, das Gericht müsse die Kleider, die er am Morgen der That getragen habe, noch nicht gefunden haben; dem M. Stoll, und der H. Marcus trug er die Bestellung an seine Mutter auf, seine Kleider, die er noch zu Haus habe, wegzuschaffen, und Katharina Bald erzählte der Elise Schmidt, daß der Angeklagte seine Kleider beseitigt habe.

b. Nach Aussage der Zeugen H. Schneider und Ehefrau hat der Angeklagte früher außer seiner Militairmütze noch ein kleines aus grauem Wollengarn gefertigtes Hausmützchen, seit dem 9. September 1861 aber nur noch die Militairmütze getragen, während das, kleine Mützchen seitdem verschwunden und bei mehrfachen Haussuchungen nicht aufgefunden worden ist. Ende März 1862, vor welcher Zeit über die Existenz jenes Mützchens in der Untersuchung überhaupt noch nichts bekannt war, wurde durch H. Stilling die Mittheilung des Angeklagten an Katharina Bald bekundet, daß sein aus grauem Garn gestricktes Mützchen ihm bei der That in das Blut gefallen sei, daß er es deshalb weggeworfen habe und sich wundere, daß es noch nicht gefunden worden sei.

Im Frühjahr 1862 hat die Wittwe Hilberg der Lumpensammlerin Friebertshausen ein noch nicht unbrauchbares aus braunem oder grauem Garn gearbeitetes Mützchen verkauft. Es ist also wahrscheinlich, daß die Mutter des Angeklagten auf Mittheilung der am 8. April 1862 aus der Haft entlassenen Katharina Bald sich jenes vom Angeklagten unter die Lumpen gebrachten Mützchens entäußert hat.

8) Der Angeklagte hat über die Getödtete und deren Todesart alsbald nach der Auffindung der Leiche Angaben gemacht, welche er von Anderen nicht erfahren hatte und welche nur der Thäter machen konnte.

a. Als das Gericht am 12. September gegen 10¼ Uhr Morgens an Ort und Stelle anlangte, war über die Person der im Gesicht unkenntlich gewordenen Todten noch nichts ermittelt. Es wurde anfangs nur vermuthet, daß dieselbe aus der Gegend von Marburg, später, daß sie aus Ockershausen, und erst gegen 10¾ Uhr vom Gerichtsdiener Lyding die Vermuthung geäußert, daß die Todte die

Dorothea Wiegand sei. Es lag anfangs der Schein einer (sic!) Selbstmords vor, und sowohl die Persönlichkeit als auch die Todesart konnte erst am Nachmittag bei der Leichenschau festgestellt werden.

Auch in Ockershausen wurde erst Nachmittags bekannt, wer die Getödtete sei. Daß der Angeklagte, welcher zwischen 10 und 11 Uhr mit seiner Mutter und der Ehefrau Sell von Marburg nach Ockershausen ging, damals von Anderen nähere Mitteilungen noch nicht erhalten hatte, ergiebt sich daraus, daß, als die Zeugin Sell dem Angeklagten und dessen Mutter erzählte, es sei ein Mädchen im Dammelsberg todt gefunden worden, die Wittwe Hilberg ausrief: wer das wohl sein möge, und der Angeklagte hierzu schwieg.

Gleichwohl hat Hilberg alsbald in Ockershausen gegen 10 oder 11 Uhr dem A. Meisel zugerufen: „Dorothea Wiegand liege im Dammelsberg und sei geschlachtet; es sei das Hinkel — er sei eben in der Stadt gewesen und habe gehört, daß ein Mann sie gefunden habe."

Gegen 11 Uhr erzählte er dasselbe dem H. Schneider und der Eva Ruppersberg und machte dieselbe Mittheilung Nachmittags dem A. Schrodt und am folgenden Tag dem I. Friebertshäuser, setzte aber auf die Erwiderung des ersteren, daß er einen Selbstmord nicht für möglich halte, hinzu: „das glaube ich auch nicht, wer weiß, wer das gethan hat."

Der Angeklagte will Donnerstag Morgen in Marburg in der Dern'schen Lederhandlung von zwei Handelsleuten (Lehrberger und Bachenheimer) die Auffindung eines todten Mädchens vernommen und von der Obsthändlerin Schneider gehört haben, daß die Todte die D. Wiegand sei.

Die Zeugen Lehrberger und Bachenheimer haben aber jene Nachricht nicht vor 11 Uhr im Dern'schen Laden erzählt, und die Ehefrau Schneider, welche erst gegen Mittag auf den Markt kam, sowie J. Peilstöcker bekunden, daß erstere nach 1 oder 2 Stunden, erst Nachmittags gegen 1 oder 2 Uhr, dem Angeklagten mitgetheilt hat, Dorothea Wiegand liege mit abgeschnittenem Halse im Dammelsberg. Auch die spätere Berufung des Angeklagten auf Mittheilungen des Bürgermeisters Peilstöcker wird durch diesen widerlegt.

Der Angeklagte hat also, bevor er von Andern, namentlich auf die von ihm behauptete Weise erfahren hatte, daß Dorothea Wiegand mit durchschnittenem Hals aufgefunden worden sei, dies Anderen mitgetheilt, und die gewaltsame Todesart durch fremde Hand mit dem ungewöhnlichen Ausdruck: „sie sei geschlachtet" so genau dem wirklichen Hergang entsprechend beschrieben, wie dieser erst durch die spätere Untersuchung ermittelt werden konnte.

Die Aeußerungen bei den Zeugen Schneider, Schrodt, Friebertshäuser und Eva Ruppersberg ergeben, daß der Angeklagte, nachdem er unüberlegt bei A. Meisel den Befund völlig getreu beschrieben hatte, den von ihm selbst nicht getheilten Glauben an einen Selbstmord zu verbreiten suchte.

b. Auch die Zeit des Todes hat der Angeklagte alsbald richtig bezeichnet. Als er am 12. September Morgens dem Heinrich Schneider von der Auffindung der Leiche erzählte, setzte er die — überdies unwahre — Angabe hinzu, daß eine

Frau aus Oberweimar seiner Mutter erzählt habe: Dorothea Wiegand sei am Montag Morgen mit H. Muth, gegen welchen Schneider Verdacht geäußert hatte, gesehen worden, und wiederholte dies am folgenden Tag bei seiner gerichtlichen Vernehmung. Nach dieser erzählte er der Regine Dörr: er sei wegen des Mädchens vernommen worden, dem am Montag Morgen der Hals abgeschnitten worden sei.

Daß die x. Wiegand an jenem Morgen ihren Tod gefunden habe, wurde aber erst am 14, September ermittelt.

Alle diese Angaben konnte nur derjenige machen, von dessen Hand die x. Wiegand getödtet war. Nur er hatte ein Interesse, die Annahme eines Selbstmords zu verbreiten, welche bereits durch das neben die Leiche gelegte Messer glaublich zu machen versucht war.

9)   Der Angeklagte hat versucht, den Verdacht der Thäterschaft durch falsche Angaben auf einen Andern zu lenken.

Als am 12. September H. Schneider auf die Mittheilung des Angeklagten von der Auffindung der x. Wiegand den Verdacht ausgesprochen hatte, daß wohl Hartmann Muth, der Umgang mit derselben gepflogen haben solle, sie getödtet haben möge, versetzte der Angeklagte, daß ihm und seiner Mutter eine Frau aus Oberweimar erzählt habe, die x. Wiegand sei am Montag Morgen zwischen Ockershausen und Marburg mit Hartman n Muth gegangen.

Auf Grund der Aussage des H. Schneider vernommen, bekundete der Angeklagte als Mittheilung einer Frau aus Oberweimar, daß D. Wiegand von H. Muth schwanger sein solle und daß seine Mutter ihm als Mittheilung des Seifensieders Brauer erzählt habe, die x. Wiegand sei am Montag Morgen mit H. Muth in der Stadt gewesen, sei in eine Straße nach der Probstei hin gegangen und habe geweint. An demselben Tage erzählte er den Eheleuten Friebertshäuser, daß man schon Einem auf der Spur sei, nämlich dem Schreiner H. Muth.

Jene Mitteilungen Dritter sind aber in Wahrheit nicht erfolgt. Elisabeth Dönges — die erwähnte Frau aus Oberweimar — hat der Wittwe Hilberg mit Beziehung auf deren Aeußerung, daß das todtgefundene Mädchen von einem Schreiner Hartmann schwanger sein solle, nur erzählt, daß nach einem Gerücht in Weimar ein dortiger Schreiner nach einem Mädchen in Ockershausen gehe, und Brauer hat ihr nur mitgetheilt, daß er die Dorothea Wiegand beim Vorübergehen vor einiger Zeit für schwanger gehalten habe.

Der Angeklagte hat also, und da auch nicht anzunehmen ist, daß er durch seine Mutter etwa getäuscht worden sei, die Vermuthung des H. Schneider alsbald benutzt, um durch angebliche Mittheilungen Dritter einen Verdacht gegen H. Muth zu erregen.

Diese Annahme wird durch die von Hirsch Stilling bezeugte Aeußerung des Angeklagten unterstützt: „Spaß hätte es ihm gemacht und er würde sich in den Hals gelacht haben, wenn der Andere gesetzt und er ohne allen Verdacht frei umhergegangen wäre."

Während seiner Haft ließ der Angeklagte auch nach Aussage des x. Stilling seiner Mutter sagen: es möchten Zwei in der Stadt Briefe an das Gericht schreiben, wonach Andere das Mädchen umgebracht und die Flucht ergriffen hätten.

Den Verdacht der Thäterschaft fälschlich auf Andere zu lenken hatte aber derjenige ein Interesse, der selbst der Schuldige war.

10)   Der Angeklagte hat sein Schuldgefühl vor und während seiner Haft vielfach geäußert, der drohenden Strafe sich zu entziehen gesucht und Geständnisse der That abgelegt.

a. Als der Angeklagte am Tag nach der Auffindung der Leiche, bevor noch Verdacht gegen ihn vorlag, zweimal als Auskunftsperson vernommen wurde, fiel es der Zeugin Peilstöcker auf, daß er bei seinem ersten Erscheinen zum Verhör trotz der warmen Witterung sehr stark zitterte, und als der Gerichtsdiener ihn zum zweitenmal vorlud, wurde er auffallend roth im Gesicht. An demselben Tag erzählte er der Regine Dörr von seiner Vernehmung und äußerte dabei, es sei ihm ordentlich angst geworden, als er zum zweitenmal vor Gericht gerufen worden sei.

b. Nach seiner Verhaftung hat der Angeklagte, wie der Gefangenwärter und fünf Mitgefangene bezeugen, sehr oft, besonders zur Nachtzeit, geweint und gejammert, geklagt, daß er keine Ruhe finde und sich ein Messer in die Zelle gewünscht, um sich noch unglücklicher zu machen, als er schon sei. Seine Gemüthsunruhe wurde namentlich durch die Erinnerung an die Getödtete verursacht; er äußerte nach dem Zeugniß mehrerer Mitgefangener: „es sei immer, als ob ein Mensch bei ihm in der Zelle sei, er habe gar keine Ruhe vor dem Mädchen, dieses stehe immer vor ihm!"

c. Einige Wochen nach seiner Verhaftung entsprang der Angeklagte dem ihn aus dem Verhör zurückbringenden Gefangenwärter, nachdem er dem Johs. Heckmann mitgetheilt hatte, er wolle bei dieser Gelegenheit entfliehen, um der harten Strafe zu entgehen. Er entkam nach Ockershausen, suchte sich hier seiner Handfesseln zu entledigen und äußerte nach seiner Wiederergreifung: wenn er sich mit der bereit liegenden Feile von der Schließkette befreit gehabt, würde er nach England entflohen und dann nicht wieder gefangen worden sein.

Später verabredete der Angeklagte im Gefängniß mit der in einer naheliegenden Zelle verhafteten Katharine Bald wiederholt die gemeinsame Flucht, und ließ durch M. Stell seiner Mutter sagen, daß er mit. einem Mädchen ausbrechen und nach England entfliehen wolle. Die Aeußerung der x. Bald, daß sie das nöthige Geld habe, wurde kurz darauf durch die Auffindung eines in ihren Kleidern versteckten Betrags von 50 Thlrn. bestätigt.

Im August 1862 fand der Gefangenwärter in der Zelle des Angeklagten einen von diesem geschriebenen und versteckten Zettel, in welchem er die Marie Bald um Besorgung und Zusendung eines Instruments bat, „um seine Freiheit zu erlangen, wenn das Schwurgericht nicht gut ausfallen sollte". Die Fluchtveranstaltungen des Angeklagten gingen also aus der Besorgniß der Verurtheilung hervor, welche wohl nur der Schuldige hegen konnte.

d. Der Angeklagte hat durch mehrere Aeußerungen die Täterschaft mittelbar zugestanden.

Dem H. Guntrum gegenüber berief er sich mit Beziehung auf belastende Zeugenaussagen darauf, daß das Alles ihm nichts thue, und äußerte bei H. Marcus und N. Schulz, daß man ihm nichts machen könne und es ihm beweisen müsse.

Als N. Schulz eine Zuchthausstrafe in Cassel antrat, erklärte der Angeklagte, daß er gern mit dorthin gehe, wenn es auch drei Jahre dauere und er damit loskomme.

H. Stilling bekundet die Äußerung Hilberg's: er könne etwas 100 Jahre auf dem Herzen behalten; er gestehe nicht ein, daß er das Mädchen umgebracht habe, und wenn ihm das Schwert am Halse sitze.

e. Der Angeklagte hat endlich die That mit allen Einzelnheiten seiner Vertrauten Katharine Bald in nächtlichen Unterredungen im Gefangenhaus ausdrücklich eingestanden.

Daß solche Geständnisse erfolgt sind, ergiebt sich aus einer Aeußerung des Angeklagten zu H. Marcus: die x. Bald werde sein Unglück sein; er könne den Grund nicht sagen, da er zu laut sprechen müsse; — ferner aus der von H. Stilling bekundeten Aeußerung der Katharine Bald: „sie verrathe nichts und wenn sie in Stücke geschnitten werde", in Verbindung damit, daß sie, als Stilling seine Wahrnehmungen als Zeuge bekundet hatte, diesen als Verräther bezeichnete, — aus ihrer Aeußerung zu Elisabeth Assum, daß Hilberg zu klug sei, um etwas zu gestehen, und daß auch sie nichts spreche, — sowie aus der von den Zeugen Stilling und Wagner bekundeten Aeußerung der Katharine Bald zu Hilberg: „du darfst mir es aber nicht machen, wie deinem Ockershäuser Mädchen", worauf Hilberg erwiderte, daß er dieses Mädchen wegen seiner Häßlichkeit ja gar nicht habe leiden können.

Katharine Bald wurde, nachdem sie die erwähnten ihr gemachten Mittheilungen eidlich abgeleugnet hatte, wegen falschen eidlichen Zeugnisses processirt und verurtheilt und erklärte später der gegen sie als Belastungszeugin aufgetretenen Elise Schmidt, daß diese die Wahrheit gesagt habe, daß sie den Hilberg unter keinen Uniständen in das Unglück gebracht hätte und lieber geschwiegen, als geredet habe.

Einige Zeit vor der ersten Verhandlung gegen Hilberg wurde die x. Bald (nach dem Zeugniß der Elise Schmidt) von der Wittwe Hilberg zur Festigkeit mit den Worten ermahnt: „seien Sie nur standhaft, der Junge weiß genau, daß es Niemand gesehen hat!"

Die von H. Stilling und K. Moog bezeugten Geständnisse des Angeklagten an Katharine Bald gingen dahin, daß er die x. Wiegand getödtet habe. Insbesondere erklärte er: „er habe es seiner Mutter wegen gethan, weil das Mädchen nicht schön und nicht reich gewesen sei; er habe dasselbe zuerst ans eine andere Weise beseitigen, nämlich erdrosseln und in das Wasser werfen wollen, und würde dies auch gethan haben, wenn er gewußt hätte, daß die Anwesenheit der x. Wiegand bei ihm zum Beschlagen der Schuhe ihn nicht verdächtigen werde. Er habe das Mädchen in den Wald bestellt, habe sich dort scheinbar angeschickt, den Beischlaf zu vollziehen und ihm hierbei den Hals abgeschnitten."

Diese überall durch das Untersuchungsergebniß bestätigten Aeußerungen enthalten in Verbindung mit den weiteren Verdachts gründen die völlig glaubhaften, durch Gewissensunruhe und das Bedürfniß der Mitteilung abgenöthigten Geständnisse der That, wie nur der Schuldige sie ablegen konnte.

C. Die Absicht des Angeklagten war auf Tödtung der D. Wiegand unter Vernichtung ihrer Leibesfrucht gerichtet, und er hat den Entschluß zur That mit überlegtem Vorbedacht gefaßt und ausgeführt.

1) Die der x. Wiegand zugefügten Halsverletzungen konnten einen anderen Zweck nicht haben, als das Leben derselben zu vernichten, und dies entsprach dem zum Entschluß gereiften Beweggrund, der Getödteten für immer sich zu entledigen:

Der Thäter mußte das Bewußtsein haben, daß die Durchschneidung des Halses bis zur Wirbelsäule den Tod unabwendbar herbeiführe und er hat diesen Erfolg unmittelbar und mit Bestimmtheit gewollt.

Die drei weiteren, vor der tödtlichen Wunde beigebrachten Halsverletzungen beruhten offenbar auf der Verfolgung eines und desselben Zieles, dessen Erreichung durch den Widerstand des Opfers verzögert und nach Ueberwindung der Gegenwehr ermöglicht wurde.

2) Es war dem Angeklagten bekannt, daß D. Wiegand von ihm schwanger sei, und gerade dies war der Anlaß zur That.

3) Der Angeklagte hatte bereits im August 1861 der D. Wiegand gedroht, ihr den Hals abzuschneiden, wenn sie ihn als ihren Schwängerer bezeichne, und bei J. Vormschlag geäußert: „wenn er eine Frau bekomme, wie das Hinkel, schneide er ihr den Hals ab." Er hatte also schon mehrere Wochen vor der That sich mit dem Gedanken an eine Beseitigung der Getödteten vertraut gemacht.

Als D. Wiegand nach ihrer Rückkehr aus dem Krankenhaus am 22. August 1861 gegen den Angeklagten ihre Schwangerschaft, deren weitere Veröffentlichung unvermeidlich war, und die daran geknüpften Versprechungen geltend machte, waren die Bedingungen erfüllt, an welche Hilberg die Verwirklichung seiner Drohungen geknüpft hatte, und es bedurfte nur noch einer günstigen Gelegenheit zur Ausführung.

Diese bot sich dar, als D. Wiegand am 7. und 8. Sept. in Ockershausen war, den Angeklagten wiederholt besuchte und am 9. September allein zu Hause antraf.

Bei diesem letzten Besuch hat Hilberg nach seinen Aeußerungen bei Heckmann und der Bald die x. Wiegand auf den Dammelsberg bestellt und dort die That ausgeführt. Den endlichen Entschluß zur That hat er also spätestens am Morgen des 9. September bei der letzten Anwesenheit der x. Wiegand in seinem Hause gefaßt, und die Bestellung nach den Dammelsberg erscheint hiernach als planmäßige Veranstaltung zur Ausführung der That und der Entschluß zu letzterer als das Ergebniß gereifter Ueberlegung.

4) Der Angeklagte hatte die x. Wiegand durch die Vorspiegelung einer Geldgabe zur letzten Zusammenkunft veranlaßt und am Orte der That die Ausführung durch weitere Vorkehrungen veranstaltet.

Die Beine der Leiche fanden sich größtentheils von den Kleidern entblößt, es waren aus der Rocktasche mehrere Gegenstände in die Schooßgegend der Unterkleider entfallen, das neue beim Weggehen von Ockershausen von der x. Wiegand getragene Mützchen lag mit zur Schleife vereinigten Bändern ohne Blutspuren neben dem Leichnam, die Haut des Unterleibs und der Schenkel erschien gänsehautartig und an den letzteren zeigten sich viele von Fingernägeln herrührende und vor dem Tod entstandene Eindrücke.

Hierzu kommt, daß die versprochene Geldgabe allein den Ort der Zusammenkunft nicht rechtfertigen konnte, daß vielmehr gerade die Aussicht eines vertrauten Stelldicheins die x. Wiegand bestimmen mußte, den Ort desselben ohne Mißtrauen aufzusuchen. Es ist hiernach die Annahme begründet, daß der Angeklagte unter dem Begehren geschlechtlicher Vereinigung sein Opfer zur Hinlagerung auf den Erdboden unter schonender Ablegung der sonntäglichen Kopftracht veranlaßt und dann scheinbar zur Vollziehung des Beischlafs sich anschickte. Diese Anstalten brachten die Getötete in eine wehrlose die Ueberwindung des Widerstandes erleichternde Lage, während ohne dies ihr kräftiger Körperbau und die Bedeckung des Halses durch Bänder die plötzliche Zufügung der Halswunden erschwert und den Erfolg in Frage gestellt haben würde.

Der Angeklagte hat nach dem Zeugniß des H. Stilling der Catharine Bald mitgetheilt: er habe sich gestellt, als wolle er mit dem Mädchen den Beischlaf vollziehen, habe sich auf dasselbe gelegt und ihm das Messer in den Hals gestoßen.

Nach Aussage der Catharine Moog hat der Angeklagte erzählt, er habe bei dieser Zusammenkunft dem Mädchen auch erst einmal zugetrunken.

Die Sache wurde im September 1863 vor dem Schwurgericht zu Marburg verhandelt, hatte jedoch eine Freisprechung des Angeklagten zur Folge, da die Geschworenen die Frage, ob Hilberg die an der Leiche der D. Wiegand vorgefundenen Verletzungen zugefügt habe? mit 6 gegen 6 Stimmen verneint hatten.

Kurze Zeit nachher gelangten jedoch zur Kenntniß der Staatsbehörde mehrfache Thatsachen, Aeußerungen und Angaben, welche in dem ersten Verfahren unbekannt geblieben waren. Hierzu gehören insbesondere die in dem oben mitgetheilten (zweiten) Anklageakt angegebenen Ermittelungen über die Tauglichkeit eines der Schustermesser des Angeklagten zur Beibringung der Halswunde, über die Aussage des Zeugen Vormschlag bezüglich der Aeußerung Hilbergs: wenn er eine Frau bekomme, wie das Hinkel, so schneide er ihr mit seinem Schustermesser den Hals ab,

und endlich neuere Ermittelungen darüber, daß Hilberg am Morgen des 9. September am Ort der That oder in dessen Nähe gewesen sei.

Der Anklage=Senat erkannte auf den Antrag der Staatsbehörde die Wiederaufnahme der Untersuchung gegen Hilberg. Dieser wurde in Cassel, wo er anscheinend zum Zweck der Auswanderung nach Amerika betroffen wurde, verhaftet und es kam nunmehr zur zweiten schwurgerichtlichen Verhandlung.

Bei dieser zweiten schwurgerichtlichen Verhandlung — am 13., 14., 15., 16., 17., 18., 20., 21., 22., 23., 25. und 27. Juni 1864 — blieb der Angeklagte standhaft beim Leugnen und erklärte: „Ich bin unschuldig an der Sache, ich weiß nichts davon", suchte auch einige Zeugen in sehr starten Ausdrücken zu verdächtigen. So z. B. sagte er auf Vorhalt aus den Aussagen der Eheleute Vormschlag: „Vormschlag ist ein Säufer, der einen Stall=Eimer voll vertragen kann, und seine Frau ist den ganzen Tag besoffen, wenn sie des Mittags mal eine Stunde nüchtern wird, ist sie doch des Abends wieder sterngranatenvoll". Einen vertrauten Umgang mit der D. Wiegand stellte er auf das Entschiedenste in Abrede und erklärte: „Solche Weibsleute, so Stricher, die fallen nachher manchmal einen an, der gar nichts mit ihnen zu thun gehabt hat, der sie gar nichts angeht".

Ueberhaupt war das Benehmen des Angeklagten während der Verhandlung frech, barsch und spöttisch. Er hörte die ihn belastenden Zeugen=Aussagen mit einem höhnischen Lächeln an und erklärte auf die Fragen: was er auf die Zeugen=Aussagen zu erklären habe? in der Regel nur: „Nix", „Ich weiß von nix", „Ich bin es nicht gewesen".

Die Zeugen wiederholten im Wesentlichen mit völliger Bestimmtheit ihre in der Voruntersuchung abgegebenen und bereits im Anklage=Act angeführten Aussagen.

Bei der Auseinandersetzung des Beweisergebnisses durch den Staatsprocurator schien die trotzige Haltung des Angeklagten zusammenzubrechen und die Hoffnung auf eine abermalige Freisprechung zu sinken. Er saß gebückt und hielt die Hände vor das Gesicht.

Die Beweisaufnahme und das Benehmen des Angeklagten ließen einen Zweifel an der Schuld wohl bei keinem der zahlreichen Zuhörer aufkommen und erschwerten die Aufgabe des Verteidigers, welcher mit den Worten begann:

„Meine Herren Geschworenen! Der Herr Staatsprocurator hat Ihnen über den Angeklagten ein Bild der Schuld vorgeführt, welches großen Eindruck auf Sie gemacht hat, es läßt sich nicht leugnen, daß er auch schwere Gründe vorgebracht hat."

Der Vertheidiger war darauf beschränkt, die Wahrheitsliebe der D. Wiegand und deren Angaben über die Person ihres Schwängerers zu verdächtigen und das angebliche Motiv der That als unbegründet darzustellen.

Die Geschworenen beantworteten einstimmig die an sie gestellten Fragen, von denen hier nur die:

4) Hat der Angeklagte die fragliche Wunde der D. Wiegand in der Absicht zugefügt, dieselbe zu tödten?

5) Hat der Angeklagte den Entschluß, die D. Wiegand zu tödten, mit Ueberlegung (Vorbedacht) gefaßt? und ausgeführt?

7) Hat der Angeklagte die D. Wiegand unter hinterlistiger Täuschung des von derselben in ihn gesetzten Vertrauens zu einer am 9. September 1861 auf dem Dammelsberg stattgefundenen Zusammenkunft behufs Ausführung dieses Entschlusses veranlaßt?

hervorzuheben sind, b e j a h e n d.

Das Schwurgericht erkannte hierauf den Angeklagten des Meuchelmordes schuldig und verurtheilte ihn zur Todesstrafe mittelst Hinrichtung durch das Schwert.

Gegen dieses am 27. Juni 1864 publicirte Urtheil zeigte der Angeklagte am 30. Juni das Rechtsmittel der Berufung und Nichtigkeitsbeschwerde an, ließ sich aber am 14. Juli zum Verhör melden und erklärte: er wolle auf das angezeigte Rechtsmittel verzichten und eingestehen, daß er die That begangen habe. Derselbe gab hierauf, anfangs unter Thränen und dann mit fester Stimme Folgendes zu Protokoll: Die Dorothea Wiegand habe er geschwängert. Dieselbe sei am 22. August 1861, am Tage nach ihrer Entlassung aus dem Landkrankenhaus nach Ockershausen zu ihm gekommen und habe ihm damals zuerst gesagt, sie sei schwanger. Er habe sie aufgefordert, hierüber zu schweigen, die Wiegand habe aber geantwortet, sie könne das nicht verschweigen. Die Ehe habe er ihr nicht versprochen und habe auch das Mädchen nie einen Anspruch gegen ihn, sie zu heirathen, erhoben. Es sei ihm unangenehm, gewesen, als Vater eines Kindes der x. Wiegand genannt zu werden, sie habe einen Annamen (das Hinkel) gehabt und sei im Dorfe nicht geachtet gewesen. Das sei allein der Grund zu seiner That gewesen.

Vom 22. August bis zum 8. September habe er die Wiegand nicht gesehen; am Sonntag den 8. September sei dieselbe Nachmittags zu ihm gekommen und habe nach ihren Schuhen gefragt, die sie Tags vorher in seiner Abwesenheit bei seiner Mutter zum Ausbessern abgegeben habe. Die Schuhe seien noch nicht fertig gewesen, und sei er vor der Wiegand von Haus weg und mit Caspar Schneider nach Marburg gegangen. Aus diesem Wege habe er sich vorgestellt, wie unangenehm ihm das Verhältniß mit der Wiegand sei, habe jedoch mit Schneider nicht darüber gesprochen. Erst am anderen Morgen habe er den bestimmten Entschluß gefaßt, die Wiegand um's Leben zu bringen. An diesen. Morgen, den 9. September 1861, sei die Wiegand Vormittags zwischen 8 und 9 Uhr zu ihm gekommen, und habe nach ihren Schuhen gefragt. Diese seien noch nicht fertig gewesen und darauf habe er auf den Wunsch der Wiegand deren Schuhe, die sie angehabt, an den Absätzen mit Nägeln beschlagen. Bei diesem Zusammensein habe die Wiegand wieder von ihrer Schwangerschaft gesprochen, er habe sie aufgefordert, ihn nicht als den Schwangerer zu benennen, dieselbe habe aber erwidert, sie könne das nicht verheimlichen. Hier habe er sich vorgenommen, die Wiegand um's Leben zu bringen, wenn er sie nicht dazu bewegen könne, die Sache zu verschweigen; es sei hierüber zwischen ihnen zu einem Wortwechsel gekommen, die Wiegand habe aber das Verschweigen verweigert.

Darauf habe die x. Wiegand zu ihm gesprochen, daß sie in die Stadt gehen wolle; er habe erwidert, er wolle auch in die Stadt, sie möge den Weg (s. g. Kuttner) hinauf gehen und ihn da erwarten, was sie auch zugesagt habe. Er habe nicht gleich mitgehen wollen, um nicht mit ihr zusammen gesehen zu werden. Nun habe er sich vorgenommen, die x. Wiegand, wenn sie bei ihrer angegebenen Weigerung beharren würde, um's Leben zu bringen; er habe deshalb ein starkes Tischmesser, welches im Hause gebraucht worden, auf dem steinernen Treppentritte vor der Hausthür geschliffen und es zu sich in die Hosentasche gesteckt, sei nach Verschließung des Hauses fortgegangen und habe die Wiegand über dem Kuttner in der Nähe des Ackers des J. Nickel angetroffen und sei nun mit ihr am Rothenberg vorbei nach dem Dammelsberg gegangen. So seien sie bis zur Stelle gelangt unter dem Baum, wo er die That ausgeführt habe. Er und die x. Wiegand hätten sich hingesetzt und hier habe er sie nochmals aufgefordert, daß sie ihn als ihren Schwängerer nicht nennen solle. Sie habe sich aber nicht zu einer solchen Aussage bewegen lassen und es sei hierüber zu einem Wortwechsel gekommen. Nun habe er, um die That auszuführen, das erwähnte Messer aus seiner rechten Hosentasche mit seiner rechten Hand hervorgeholt, jedoch erst noch unter seinem Kittel verborgen gehalten, so daß die x. Wiegand dasselbe nicht gesehen habe; er habe sich alsdann erhoben — bis dahin habe er derselben zur rechten Seite gesessen — sich über die x. Wiegand, welche sitzen geblieben, so übergebogen, daß er, vor ihr stehend, dieselbe zwischen seinen Füßen liegen gehabt, habe mit seiner linken Hand derselben den Kopf zur Erde gedrückt und mit der rechten Hand ihr einen Schnitt in den Hals versetzt. Dieser Schnitt sei nicht tief eingedrungen, jedoch sei das Blut gleich geflossen und das Mädchen habe laut geschrieen. Nun habe er derselben mit dem Messer noch mehrere Schnitte in den Hals versetzt — wie viele, wisse er nicht mehr. Die x. Wiegand habe wiederholt laut geschrieen, er habe ihr jedoch mit seiner linken Hand den Kopf festgehalten, bis er den letzten Schnitt in den Hals gethan, wovon er geglaubt habe, daß sie daran sterben werde. Erst habe sich die x. Wiegand mit den Händen gewehrt und nach ihm geschlagen, nach dem letzten Schnitt habe sie keinen Laut mehr von sich gegeben, aber noch mit Armen und Beinen sich gewehrt als er fortgegangen sei. Sein Aufenthalt an dieser Stelle habe wohl im Ganzen eine Viertelstunde und vom ersten Schnitt an habe der Kampf wohl einige Minuten gedauert. Das Messer habe er am Platze liegen gelassen, weil er gedacht, daß man wohl eher glauben werde, die x. Wiegand habe sich selbst umgebracht. Es sei dasselbe Messer, welches neben der Leiche gefunden und ihm vorgezeigt worden sei.

Seine Kleider seien wenig mit Blut beschmutzt gewesen, der Kittel nur etwas an der Brustseite und unten am Saum. Seine Hände habe er im Grase nicht weit von der That abgeputzt, sei dann am Rothenberg herab nach Haus gegangen und habe die Blutflecken aus dem Kittel gewaschen.

Am Tage nach der That, Dienstag Mittags, sei er einmal und Mittwoch Nachmittag gegen 3 Uhr nochmals an den Platz gegangen, wo die x. Wiegand gelegen habe; das erstemal habe er sich überzeugen wollen, ob dieselbe wirklich todt sei, und dann, am Mittwoch, ob sie noch am Platze liege und nicht gefunden worden sei.

Uebrigens habe er mit der Leiche keine Veränderung vorgenommen, am Dienstag und auch am Mittwoch sei er bis auf einen Schritt nahe an die Leiche gekommen, habe diese aber nicht berührt. Das zusammengefaltete Tuch habe er der x. Wiegand nach ihrem Tod nicht in die Hand gegeben, er könne nicht sagen, wie dies in ihre Hand gekommen sei. Dieselbe habe, als sie am Montag Morgen nach dem Dammelsberg gegangen, eine Mütze auf dem Kopf getragen, diese aber vor dem Dammelsberg abgelten, da es ihr zu warm geworden sei, und neben sich gelegt, als sie Beide sich unter den Baum gesetzt, wo die That vorgefallen sei.

Auf Befragen: er könne sich nicht darauf besinnen, daß er die x. Wiegand, ehe er sie umgebracht, glauben gemacht habe, daß er sie fleischlich brauchen wolle; — möglich wäre es wohl, er könne es aber bestimmt nicht sagen.

Von keinem der vernommenen Zeugen könne er behaupten, daß er die Unwahrheit gesagt, außer von der x. Woog und dem x. Stilling; von diesen Beiden müsse er annehmen, daß sie gegen ihn absichtlich die Unwahrheit gesagt.

Grund zu seiner That sei eigentlich allein der Umstand gewesen, daß die x. Wiegand im Dorfe nicht recht geachtet worden, den Spottnamen „das Hinkel" gehabt habe, und nun von ihm schwanger gewesen sei; sein Gewissen habe ihn ja wohl von der That abgemahnt, geschehen sei es aber nun einmal.

Weil er doch nun schuldig erkannt worden, habe er sich zum Geständniß entschlossen, er hoffe, daß ihm durch landesherrliche Gnade die Todesstrafe erlassen werde.

Der Angeklagte gab — wie im Protokolle gesagt wird — seine Erklärung ohne Zögern und im Allgemeinen ohne sichtliche Erregung ab. Nur im Anfang traten Thränen in seine Augen, dann schienen Blässe des Gesichts und auf diesem hervortretend Schweißtropfen die innere Bewegung zu verrathen. Bei den die Ausführung der That betreffenden Erklärungen war Gemüthsbewegung nicht erkennbar und erst bei den letzten Angaben traten wieder Thränen hervor.

Nachdem ein an den Landesherrn gerichtetes Begnadigungsgesuch abgeschlagen worden war, wurde das Urtheil an x. Hilberg am 14. Oktober 1864 vollzogen.

Derselbe war in den letzten Tagen seines Lebens ruhig und gefaßt, und versicherte noch am Tage vor der Hinrichtung, es sei ihm lieber, daß sein Begnadigungsgesuch abgeschlagen worden, er ziehe den Tod einer langjährigen Eisenstrafe vor.

Festen Schrittes und ruhig ging er am frühen Morgen des 14. Oktober 1864 auf das Schaffot.

Annalen der Justizpflege und Verwaltung in Kurhessen, Band 12, S. 361 ff.

84

Quellenexegese 3:

Correspondenzen.

Marburg, 13. Juni.

Prozeß Hilberg.

In unmittelbarer Nähe von Marburg, westlich vom malerisch gelegenen Schlosse, erhebt sich eine mit herrlichen Eichen bewachsene Kuppe, der Dammelsberg. Es ist ein wunderbar schönes Stückchen Erde, ein Lieblingsort der Bewohner Marburgs. Könnten sie uns erzählen, die rauschenden Blätterkronen, viel würden sie uns erzählen von Freud und Last, die sie geschaut, von frohen Liedern, die sie vernommen. Und doch! Auch eine dunkle, furchtbare That ist hier geschehen, mitten auf einem der das Revier durchziehenden Pfade, nicht fern vom Saume des Waldes – ein Mord. Kurze Zeit erst, kaum einige Jahre sind seitdem enteilt; und doch ist es noch nicht gelungen, den Schleier, der über dieser Schandthat schwebt, zu heben; noch einmal macht menschliche Klugheit den Versuch, ihn zu entfernen, gelingt es auch dann nicht, dann muß sie wohl für immer darauf verzichten.

Erwarten Sie von mir nicht eine der in der neueren Zeit so beliebten, in ein romantisches Gewand gehüllten und mit prunkvoller Rede geschmückten Criminalgeschichten; ich werde einfach in engem Anschluß an die heute begonnenen Verhandlungen das Wichtigste aus denselben mittheilen; vorerst muß ich, wie zum Verständniß nothwendig, den Hauptinhalt der Anklageacte kurz dem Leser vorführen:

Am Morgen des 12. September 1861, einem Donnerstag, wurde von einem Forstlaufer die Anzeige gemacht, im Dammelsberg liege eine weibliche Leiche. Dem kurz nach 10 Uhr eintreffenden Gerichtspersonal bot sich ein schauderhafter Anblick dar. Der Länge nach mitten auf dem Wege lag der kräftige Körper, am Hals eine 5 Zoll lange, 4½ Zoll tiefe, klaffende, scharfkandige Wunde, das Gesicht unkenntlich und mit Blut überdeckt.

An der mit halbzerronnenem Blut gefüllten rechten Hand fanden sich mehrere Schnittwunden, an beiden Seiten der Oberschenkel eine große Anzahl von Eindrücken, wie von Fingernägeln. Die Leiche trug eine regelmäßig gebildete Leibesfrucht von 16–20 Wochen. Von dem Gedanken an einen Selbstmord kam man bald zurück. Die Lage des Leichnams, die große Anzahl der Wunden widerlegten alsbald diese Annahme. Schon am Morgen wurde vermuthet, daß die Tode ein Mädchen aus Ockershausen (ein in der nächsten Nähe Marburgs gelegener Ort) sei; erst Nachmittags wurde festgestellt, es sei Dorothea Wiegand aus dem genannten Dorfe. Dieselbe ist 1837 dortselbst außerehelich geboren, war früh verwaist, und in dürftigen Umständen; seit Juli 1861 diente sie in dem benachbarten Dorfe Agenstein.

Die That muß nach dem Gutachten der Aerzte drei oder vier Tage vor dem Auffinden der Leiche geschehen sein; am Morgen, des 9. Septembers, gegen 8 Uhr, ist Dorothea Wiegand zuletzt gesehen worden; kurz nachher muß sie das Leben verloren haben. Zwischen 9 und 10 Uhr an jenem Tage haben Leute, die in der

Nähe des Dammelsberges arbeiteten, ein klägliches Stöhnen und Wimmern, dumpfe Aufschreie vernommen.

Der Verdacht fiel bald nachher auf Ludwig Hilberg aus Ockershausen. Der Indicien waren Anfangs nur wenige; sie mehrten sich allmälig; nahe an 150 Zeugen mußten wiederholt vernommen, zahlreiche Augenscheine vorgenommen werden; so kam es daß der Angeklagte erst im September v. J. dem hiesigen Schwurgericht zur Aburtheilung überwiesen werden konnte; mit 6 gegen 6 Stimmen ward er freigesprochen. Auf Grund neu entdeckter Beweismittel ist das Verfahren wieder aufgenommen, und zum zweiten Mal sitzt Ludwig Hilberg auf der Anklagebank, angeklagt wegen Mords, und zwar Meuchelmords, der, wie ihm bewußt, von ihm schwangeren Dorothea Wiegand.

Der Angeklagte ist 1837 zu Ockershausen geboren, steht nicht in gutem Rufe und besitzt nur sehr wenig Vermögen.

Der Anklageact führt weiter aus:

Ludwig Hilberg hatte allein ein Interesse am Tod der Dorothea Wiegand. In dem Monat April oder Mai muß sie verführt worden sein; grade um jene Zeit aber war der Angeklagte oft mit ihr zusammen, da sie häufig in seinem Hause als Tagelöhnerin arbeitete; sie waren zusammen, allein, – die Mutter arbeitete in der Stadt, der Vater ist schon lange todt. Die Ermordete hat ihn selbst als Verführer bezeichnet, sowohl bei anderen Personen, als ihm selbst gegenüber. Er ward dadurch in eine peinliche Lage versetzt: mit Einwilligung seiner Mutter hatte er sich mit Regine Dörr aus Lauenbach verlobt. Sie war schön und wohlhabend; Dorothea Wiegand war häßlich, arm und wenig geachtet. Die Mutter begünstigte natürlich das Verhältniß mit der Reichen.

Der Angeklagte mußte darauf denken, sich der Dorothea Wiegand, die seinem Glücke hindernd in dem Wege stand, zu entledigen, er faßte den Entschluß, wenigstens that er mehrere darauf hindeutende Aeußerungen. Der Angeklagte ist zur Zeit der That in der Nähe des Dammelsberges gesehen worden, auch die Getödtete hat den Weg dorthin eingeschlagen und vorher erzählt, sie sei von ihrem Burschen dorthin bestellt worden. Hilberg kann sich über sein Treiben zur Zeit der That nicht ausweisen, er hat nach dem 9. September andere Kleider getragen und es sind Kleidungsstücke von ihm beseitigt worden. Kurz nach Auffindung der Leiche, ehe noch die Identität von Dorothea Wiegand festgestellt war, hat er schon erzählt, „das Hinkl (Spitzname der Wiegand) habe sich den Hals abgeschnitten, liege im Dammelsberg und sei geschlachtet."

Mehrmals hat der Angeklagte sich bestrebt, den Verdacht der Thäterschaft auf Andere zu lenken und endlich im Gefängniß seinen Mitgefangenen gegenüber umfassende Geständnisse der That abgelegt.

Es wird beantragt, den Angeklagten des ihm zur Last gelegten Verbrechens, welches nach dem auf Art. 137 der peinlichen Gerichts=Ordnung Kaiser Karls V. gestützten Gerichtsgebrauch zu strafen ist, schuldig zu sprechen.

(Fortsetzung folgt.)

Didaskalia oder Blätter für Geist, Gemüth und Publicität, Mittwoch, 15. Juni 1864

Quellenexegese 4:

Correspondenzen.

Marburg, 14. Juni.

Prozeß Hilberg.

(Fortsetzung.)

Die gestern begonnene Hauptvernehmung des Angeklagten ward heute beendigt. Schluß der gestrigen Sitzung 1½ Uhr. Eröffnung der heutigen 8 Uhr, Schluß 9¼ Uhr.

Der Angeklagte ist nicht groß, „von graziösem Körperbau" (wie es im amtlichen Signalement heißt); im Allgemeinen bietet sein Aeußeres wenig Bemerkenswerthes dar, er ist intelligenter, oder sagen wir lieber raffinirter, als man nach seinem Alltagsäußern erwarten sollte. Sein Auftreten ist fest, ja trotzig, zuweilen frech; ein eigenthümliches Lächeln gibt oft seinen Gesichtszügen etwas Widerliches; die an ihn gestellten Fragen beantwortet er rasch und sicher; nur selten macht er von seinem Recht, gar nicht zu antworten, Gebrauch.

Zuerst im Allgemeinen gefragt, was er auf die ihm vorgelesene und dem Präsidenten nochmals erläuterte Anklage zu erklären habe, erwidert er kurz und bestimmt: „Ich bin unschuldig an der Sache, ich weiß nichts davon". Dorothca Wiegand hat er gekannt, sie hat oft in seinem Haus als Taglöhnerin gearbeitet, er hat ihr zuweilen Schuhmacher-Arbeiten geliefert, gegen Bezahlung; in irgend einem näheren Verhältniß zu ihr gestanden, insbesondere vertrauten Umgang mit ihr gepflogen zu haben, stellt er entschieden zur Abrede.

Die Frage, ob er mit Regine Dörr, dem schönen, geachteten Mädchen aus Bauerbach, verlobt gewesen sei, verneint er erst, dann gesteht er es zu; auf die Frage, warum er erst verneinend geantwortet, lacht er und schweigt, einen herzliche Liebe athmenden Brief der Dörr an ihn erkennt er als von ihr geschrieben an, seine M u t t e r hat eingewilligt in die Verlobung mit Regine, über Dorothea Wiegand will er mit ihr gesprochen haben.

Noch ein drittes Liebesverhältniß soll der Angeklagte angeknüpft haben, mit einer Mitgefangenen, von ihm durch mehrere Wände getrennt. Ihr Name ist Katharine Bald (von Marburg). Eine Hetäre der schmutzigsten Art, wegen Meineid, wegen Diebstahls bestraft, excommunicirt, schickt dem wegen Meuchelmords Verhafteten eine Locke, einen Ring aus eigenen Haaren geflochten; er schreibt ihr einen zärtlichen Brief. Gewiß ein merkwürdiges Verhältniß!

Der Angeklagte leugnet Alles.

Er hat früher behauptet, nur zwei blaue Kittel besessen zu haben; bei der ersten Haussuchung sind auch nur zwei in seiner Wohnung gefunden; erst später ist von seiner Mutter noch ein dritter abgeliefert worden; er gibt jetzt auch zu, drei Kittel gehabt zu haben: einen alten, einen groben leinenen und einen feinen. Nach der Ursache gefragt, warum er früher nur zwei angegeben habe, verwickelt er sich in Widersprüche.

Auf Vorhalt, daß er früher geäußert, das Hinkel habe sich selbst getödtet, wendet er ein (wörtlich): „Ich habs geglaubt, das ist schon oft vorgekommen, daß sich Jemand selbst ums Leben gebracht hat."

Angeklagter stellt in Abrede, daß er den Verdacht geflissentlich auf Andere, namentlich einen gewissen Hartmann Muth aus Niederweimar, habe lenken wollen, und behauptet, in dieser Beziehung nur nacherzählt zu haben, was er von Andern vernommen.

Mehrere Zeugen, Mitgefangene des Angeklagten, auch der Gefangenwärter, bekunden übereinstimmend, daß er oft zur Nachtzeit gestöhnt und gejammert, auch geklagt, „daß er keine Ruhe habe und das Mädchen immer vor ihm stehe"; daß er endlich sogar seiner Geliebten, der Kath. Bald, gegenüber, directe Geständnisse seiner Schuld abgelegt habe; dieß sämmtliche Vorbringen wird von dem Angeklagten bestimmt geleugnet.

Schluß der Hauptvernehmung 9¼ Uhr.

Von 10–12 Uhr nahm das Gericht mit den Geschworenen und dem Vertheidiger einen Augenschein über sämmtliche in Betracht kommenden Oertlichkeiten vor.

(Fortsetzung folgt.)

Didaskalia oder Blätter für Geist, Gemüth und Publicität, Donnerstag, 16. Juni 1864

Quellenexegese 5:

Prozeß Hilberg.

(Fortsetzung.)

In der heutigen, um 8 Uhr eröffneten Sitzung, wurde zur Beweisaufnahme geschritten.

Der Zuhörerraum, die beiden vorhergehenden Tage nicht sonderlich besucht, ist auch heute Anfangs leer, füllt sich aber in kurzer Zeit. Drückende Schwüle herrscht in dem engen Saale.

Schon heute bewährt sich, was die Staatsbehörde gleich in der ersten Sitzung bemerkte: die Verhandlungen würden wegen der Länge der dazwischen liegenden Zeit der nöthigen Frische entbehren. Die Zeugen sind in ihren Aussagen unsicher, schwankend, nur wenige vermögen in zusammenhängender Rede ihre Wahrnehmungen zu bekunden, fast alle berufen sich erst auf ihr Protocoll, „das sie vor Amt gemacht".

Zunächst werden Leumundszeugnisse über den Angeklagten zur Vorlesung gebracht. Danach hat er sich in der Schule schlecht, sehr schlecht betragen, in der Confirmandenstunde werden seine Religionskenntnisse als genügend bezeichnet, sein Lehrmeister in Barmen gibt ihm das Zeugniß, daß er sich treu und gut betragen habe, bei dem Militär ist er nie bestraft.

Auf den zuerst zur Vernehmung kommenden Zeugen ist Jedermann gespannt, erst mehrere Wochen nach der vorjährigen schwurgerichtlichen Verhandlung – am 26. October 1863 – ist er zuerst vernommen worden. Es ist ein alter Partikulier (Privatmann nennt er sich). Schon am 11. September 1861 Nachmittags zwischen drei und vier Uhr hat er die Leiche gesehen. Nach dem Grund befragt, warum er nicht alsbald Anzeige gemacht, gibt er an, er habe erst seinen Spaziergang vollenden wollen, nachher habe er sich nicht als Auskunftsperson gemeldet, weil es ja doch klar sei, daß der (auf den Angeklagten deutend) der Thäter sei. Aus seinen seltsamen, verworrenen, vielfach ganz unverständlichen Aeußerungen hält er nur die Angabe mit Bestimmtheit aufrecht, daß zu der Zeit, wo er die Leiche gesehen, das Messer noch nicht in, sondern neben der Blutlache, das blutgetränkte Tuch nicht lose in der linken Hand, sondern fest zusammengewickelt dicht neben dem Munde der Erschlagenen gelegen habe. Der Mörder muß also in der Zwischenzeit bis zum Erscheinen des Gerichts die Lage dieser Gegenstände verändert haben.

Der zunächst vernommene Forstlaufer (Reinhard), welcher die Leiche zuerst aufgefunden hat, weiß sich über ihre Lage nichts Spezielleres zu erinnern. Der furchtbare Anblick erfüllte den nichts Ahnenden mit solchem Entsetzen, daß er ohne sich umzuschauen, eiligst die Mordstätte floh.

Die Aussagen der sieben folgenden Zeugen stimmen im Wesentlichen überein; sie alle haben am Morgen des 9. September zwischen 9 und 10 Uhr plötzlich ein auffallendes, nach zeitweiser Unterdrückung sich wiederholendes jammervolles Schreien und Hülferufen gehört. Zuerst erfolgten mehrere ganz laute, dann gedämpftere Schreie; nach einer zwei bis vier Minuten langen Stille ertönte noch ein schreckliches Aufschreien; dieses ging in ein Stöhnen und Wimmern über, welches allmälig ganz verstummte.

Der hierauf vernommene Bürgermeister (Peilstöcker) von Ockershausen hat insbesondere über mehrere bei dem blutigen Drama in Betracht kommende Personen Auskunft zu ertheilen: die D. Wiegand hält er eines Selbstmords nicht für fähig, „dafür sei sie viel zu schlecht, zu unpolitisch gewesen, ja man könnte überhaupt sagen, sie sei ein wenig dumm".

Die Ehefrauen Greif und Kraft, bei welchen die Getödtete sich mehrere Jahre aufgehalten hat, geben ihr das Zeugniß eines treuen, arbeitsamen und wahrheitsliebenden Mädchens; die Letztere berichtet außerdem noch über das Verhältniß der Erschlagenen zu einem gewissen Hartmann Muth aus Niederweimar (einem benachbarten Dorfe), derselbe, auf welchen nach der Anklage Hilberg den Verdacht der Thäterschaft zu lenken gesucht haben soll. Nach ihrer Erzählung ist Muth eines Abends, im Monat Mai, in ihrer Wohnung gewesen, hat mit der D. Wiegand gescherzt, sie geküßt und geäußert: „Wenn Du auch ein armes Mädchen bist, ich verlasse Dich doch nicht." Auch etwa acht Tage später hat Muth nochmals in ihr Haus zu dringen gesucht, ist aber zurückgewiesen worden. Als die Kraft der Wiegand Vorwürfe machte und sie warnte, sich mit einem Wittwer nicht einzulassen, erwiderte sie lächelnd: „ein Wittmann ist doch auch ein Mann" (eine Aeußerung, mit welcher vielleicht manche unserer schönen Leserinnen übereinstimmen).

Die Wiegand hat seit dem 27. Juni 1861 bis zum 7. August und dann vom 22. desselben Monats bis zum 7. Sept. bei den Eheleuten Wolf in Angerstein gedient; sie wird von ihnen als treu, brav und tüchtig geschildert; sie scheint Vertrauen zu ihnen gefaßt zu haben, denn sie hat ihnen ihren Zustand entdeckt und ihren Verführer genau bezeichnet.

Der Angeklagte leugnet: „Das ist nicht wahr, ich bin es nicht."

Eine weitere Zeugin (Ehefrau Scherer) macht nähere Angaben über das Verhältniß des Angeklagten zur Getödteten; letztere hat oft im Hilbergschen Hause gearbeitet, sie hat mit Ludwig laut gelacht und gescherzt.

Bei einer anderen Frau hat die Erschlagene auf deren scherzhafte Aeußerung: „Du wirst Dich wohl noch in den Hilberg verlieben", erwidert: „O! nein! dem bin ich noch viel zu schlecht, der hat sein Mädchen in der Stadt, sie dient bei Schäfers (paßt auf R. Dörr).

Der Angeklagte sucht bei dem Auftreten der letzten Zeugin, deren Aussage eben nicht von Erheblichkeit ist (Cath. Ortwein, Kurzhumpe) diese sowie die Dorothea Wiegand in den argen Verdacht zu bringen, sie hätten öfters zusammen Vergnügungslokale niedern Ranges besucht, um Geld zu verdienen; das jämmerliche Aussehen der verdächtigten Zeugin, die vielfach bekundete Häßlichkeit der Wiegand, wiederlegen diese Behauptungen wohl zur Genüge.

Schluß der Sitzung 2 Uhr.

(Fortsetzung folgt.)

Didaskalia oder Blätter für Geist, Gemüth und Publicität, Freitag, 17. Juni 1864

Quellenexegese 6:

Correspondenzen.

Marburg, 16. Juni.

Prozeß Hilberg.

(Fortsetzung.)

Für die heutige Sitzung waren insbesondere solche Zeugen geladen, welche Aeußerungen der Getödeten bekunden können, durch die sie direct oder indirect den Angeklagten als ihren Verführer bezeichnet.

H. Schneider, Nachtwächter und Schweinhirt in Ockershausen, theilt seine Wahrnehmungen in anschaulicher, aber höchst komischer Weise mit. Seine Aussagen sind in mehrfacher Hinsicht von Erheblichkeit. Ihm hat, obwohl erst am Nachmittag die Leiche als die der D. Wiegand anerkannt wurde, schon am Morgen gegen 11 Uhr der Angeklagte erzählt, „das Hinkel oder die Kurzhumpe (Kath. Ortwein) liege im Dammelsberg und habe sich den Hals abgeschnitten." Schneider erwidert, das Hinkel halte er für zu schlecht (dumm), um sich selbst das Leben zu nehmen, das würde wohl Einer gethan haben, welcher vertrauten Umgang mit ihr gehabt. Hilberg forschte neugierig, wen er damit meine, und sucht den zeugen, als dieser einen gewissen Hartmann Muth aus Niederweimar angibt, in seinem Verdacht zu bestärken, indem er, wie in Verwunderung, ausruft: Donnerteil! da hat ja auch eine Frau meiner Mutter erzählt, der habe sich am Sonntag Nachmittag mit dem Mädchen in der Stadt herumgetrieben.

Der Name dieser Frau hat nicht ermittelt werden können.

Der Angeklagte gibt diese Unterredung zu.

Zeuge hat in dem Besitz des Angeklagten auch ein Mützchen, von braunem oder grauem Garn gestrickt, gesehen, nach dem 9. September 1861 ist es auf längere Zeit unsichtbar gewesen.

Der Angeklagte hat im Gefängniß nach dem Zeugniß einiger Mitgefangenen, seiner Geliebten, der Cath. Bals, erzählt, er habe sein Mützchen bei der That verloren und wundere sich, daß es noch nicht gefunden sei. Wenige Tage, nachdem die Mutter des Angeklagten, welche ebenwohl gefänglich eingezogen war, aus der Haft entlassen ist, im April 1862, hat sie einer Lumpensammlerin ein derartiges Mützchen verkauft; seitdem hat man gänzlich seine Spur verloren.

Schneider hat einst im Scherze dem Angeklagten den Vorschlag gemacht, er könne die Dorothea Wiegand heirathen, und dieser erwidert, „wenn er ein solches „Geschüssel" in das Haus bekäme, schnitt er ihr gleich den Hals ab" (nach seiner früheren Aussage hat Hilberg nur gesagt: „wolle er lieber nicht auf der Welt sein").

Der Zeuge Kleinberg wohnt in der Nähe des Hilberg'schen Hauses; an einem Sonntag Abend kommt gegen 10 Uhr der Bruder des Angeklagten betrunken nach Haus, von einem andern Burschen geführt. Zeuge hört die laut und heftig von Ersterem ausgestoßenen Worte: „Wenn der Kerl dem Mensch den Hals abgeschnitten hat, muß er doch noch dran." Die Mutter schreit aus dem offenen

Fenster: „Jesus! Junge, Du machst mich ja unglücklich, ich schmeiße Dir die Schande ein."

Angeklagter (wörtlich): „Mein Bruder ist an jenem Abend betrunken gewesen; was ist von einem Betrunkenen zu erwarten? – gar nichts; dem geht kein vernünftiges Wort aus dem Mund."

Im November 1861 ist der Angeklagte aus der Haft entwichen und nach seinem Heimathsort geflohen; befragt, warum er dieß gethan, erwidert er: „er habe gern einmal seine Mutter sprechen wollen; da ihm dieß abgeschlagen worden sei, sei er so hingegangen, am anderen Tage habe er sich wieder stellen wollen."

Er ist denselben Abend in Ockershausen schon wieder festgenommen worden; Jakob Schrodt hat ihn damals im Hause des Bürgermeisters bewacht, und auf die Frage: ob er Geld gehabt, die Antwort erhalten: das wäre parat gewesen; ebenso auch eine Feile, um die Handschellen loszumachen; er wäre dann schnell über Frankfurt und Mainz nach England geflüchtet.

Angeklagter: Das habe ich nicht gesagt, ist Alles nicht wahr.

Vernommen wird nunmehr Hartmann Muth, der Don Juan dieser Gegend, wie ihn der frühere Vertheidiger des Angeklagten nicht unpassend nannte. Wenn man den nicht gerade hübschen, aber noch jungen, schüchtern auftretenden Mann betrachtet, so muß man sich wundern, wenn man aus den Verhandlungen erfährt, mit welch entschiedenem Glücke er bei den schönen oberhessischen Bauernmädchen seine Werbungen angebracht. Sein Verkehr mit der D. Wiegand scheint sich nicht in die Sphäre der höhern Vertraulichkeiten verstiegen zu haben; nur einmal hat er sie im Kraft'schen Hause geküßt mit den Worten: „Ich verlasse Dich nicht, wenn Du auch ein armes Mädchen bist"; überhaupt ist er nur wenige Male mit ihr zusammen gesehen worden. Der auf ihn gefallene Verdacht, daß er die Wiegand verführt habe, ist wohl dadurch als beseitigt zu betrachten. Daß er sie getödtet, dafür ist jede Spur von Verdacht entfernt, da er für den 9. September das Alibi vollständig nachgewiesen hat.

Die Aussagen von acht zu dem Eingangs angedeuteten Zwecke geladenen Zeugen stimmen im Wesentlichen überein. Ihnen Allen hat die Ermordete an verschiedenen Tagen erzählt, ihr Bursche sei ein Schuhmacher von Ockershausen, der längere Zeit auch im Berg'schen gearbeitet und bei den Soldaten gedient habe; seine Mutter, eine Wittwe, sei eine sehr schlimme Frau.

Der Angeklagte erklärt auf die einzelnen Zeugenaussagen, welche [unleserl. Wort] nur auf ihn passende Beschreibung bringen, gewöhnlich nur „weiß [unleserl. Wort] nichts", oder „habe nichts dagegen."

Eine Zeugin bekundet auch, die Wiegand habe ihr erzählt, ihr Bursche wolle sie mit nach Amerika nehmen, wenn seine Mutter todt wäre. Der Angeklagte erklärte (schnell und trotzig): „Ich habe kein Geld für zwei Menschen, um nach Amerika zu machen."

Einer andern Zeugin, welcher die Wiegand den Namen ihres Burschen „Hettches" (so werden in Ockershausen die Hilbergs gewöhnlich genannt), angegeben, aber seinen Wohnort nicht genannt hatte, wirft Angeklagter ein: „Ich habe nichts dagegen, der Hettches gibt es gar viele und Ockershausen hat sie nicht dabei genannt."

Einer gewissen Cath. Born, einer verschmutzt aussehenden, übel beleumdeten Person, hat die Getödete als ihren Verführer Hettches' Ludwig genannt und ihr mitgetheilt, ihr Bursche habe zu ihr gesagt, wenn sie nichts sage, wolle er ihr ein Bett schenken, wenn sie es aber sagte, dann wolle er ihr den Hals abschneiden.

Der Angeklagte war heute im Allgemeinen ruhig, insbesondere [unleserl. Wort] wir das seinem Gesicht den abstoßendsten Ausdruck gebende Lächeln [unleserl. Wort] häufig an ihm bemerkt; nur mit Gewalt scheint er sich dessen zu [unleserl. Wort].

Als ein weiterer Zeuge, dessen Aussage sonst nicht von Erheblichkeit bekunde-te, er sei eines Abends mit einem andern Burschen bei Hilberg gewesen und sie hätten mit der gerade auch anwesenden Wiegand „etwas Dummerei getrieben", kann der Angeklagte ein herzliches Lachen nicht unterdrücken.

Schluß der Sitzung 12¾ Uhr.

(Fortsetzung folgt.)

Didaskalia oder Blätter für Geist, Gemüth und Publicität, Samstag, 18. Juni 1864

Quellenexegese 7:

Correspondenzen.

Marburg, 17. Juni.

Prozeß Hilberg.

(Fortsetzung.)

Die heutige Sitzung war vorzugsweise für die Vernehmung der Sachverständigen bestimmt (Herr Medicinalrath Dr. Stadler, Herr Physikus Dr. Horstmann, Herr Physikus Dr. Wiegand.)

Folgende drei Punkte waren bei sorgsamer Berücksichtigung der dabei in Betracht kommenden Umstände, insbesondere des Grades der eingetretenen Verwesung und der Todesstarre, sowie der in den Tagen vom 9.–12. September 1861 herrschenden nebeligen und ziemlich warmen Witterung, durch die übereinstimmenden gutachtlichen Aeußerungen der Gerichtsärzte festgestellt:

1) Daß der Tod am 3., höchstens 4. Tage erfolgt sein müsse.

2) Daß derselbe durch Verblutung in Folge des Durchschneidens der Gefäßstämme mit einem kräftigen Schnitt bewirkt worden sei, und nach wenigen Augenblicken unabwendbar erfolgen mußte.

3) Daß mit der höchsten, absoluter Gewißheit fast gleichkommenden Wahrscheinlichkeit die D. Wiegand sich nicht selbst das Leben genommen, sondern durch fremde Hand gewaltsam getötet worden ist.

Es sind eine ganze Anzahl von Messern asservirt:

1) Das bei der Leiche gefundene Tischmesser, Klinge 4½ Zoll, Stiel 4 Zoll.

2) Ein aus der Wohnung des Angeklagten eingezogenes ziemlich starkes Dessertmesser, Stiel 3¾ Zoll, Klinge 4½ Zoll.

3) Zwei Schusterkneifen.

4) Zwei andere Messer, spitz und mit etwa 5½ Zoll langer Schneide.

Die Sachverständigen meinen, daß mit jedem dieser Instrumente die That möglicherweise verübt werden konnte.

In Beziehung auf das unter 1 erwähnte sprechen sie sich übereinstimmend dahin aus, daß die Möglichkeit, daß die an der Leiche befindlichen Wunden damit zugefügt worden, zugegeben werden müsse, daß aber die Wahrscheinlichkeit, welche dafür spreche, nur als eine höchst geringe bezeichnet werden könne. Betreffs des Dessertmesser wird auch die entfernteste Möglichkeit, daß die That damit ausgeführt sei, in Abrede gestellt. Hinsichtlich der unter 3 und 4 erwähnten Messer haben die beiden zuerst genannten Sachverständigen die genauesten Versuche an Leichen gemacht, auf Grund der dabei gewonnenen Erfahrungen gehen ihre Ansichten in der Weise auseinander, daß der erstere meint, die That sei wahrscheinlicher mit dem Schusterkneif ausgeführt, der letztere sich mehr für die Anwendung eines der starken Messer erklärte.

Es ward endlich auch durch die Sachverständigen zur Eridenz nachgewiesen, daß die Leiche seit dem Tode bis zur Auffindung ununterbrochen dieselbe Lage

94

gehabt haben müsse. Hierdurch ist die Angabe des Zeugen Schäfer, welcher am Mittwoch Nachmittag die Leiche mit ausgestreckten Armen auf dem Gesicht liegend gesehen haben wollte, als widerlegt zu betrachten.

Schluß der Sitzung halb 2 Uhr.

Zu der auf 4 Uhr angesetzten Sitzung waren nur zwei Zeugen geladen, die Eheleute Vornschlag aus Ockershausen; ihre im Wesentlichen übereinstimmenden Aussagen sind für den Angeklagten sehr gravirend. Wegen der Wichtigkeit ihrer Depositionen hatte das Gericht mehrere Leumundszeugnisse über sie eingezogen. Nach denselben steht der Schreiner J. Vornschlag in gutem Ruf und kann dessen Glaubwürdigkeit nicht bezweifelt werden. Seine Ehehälfte ist aber allerdings schon mehrfach bestraft, zuletzt wegen Diebstahls mit 9 Monaten Zuchthaus und ihre Glaubwürdigkeit im Allgemeinen der ihres Mannes nicht gleich zu stellen; doch wird ausgeführt, daß kein Grund vorliege, die Glaubwürdigkeit derselben im vorliegenden Falle in Zweifel zu ziehen.

J. Vornschlag erzählt in fließender Rede und höchst ausführlich folgenden etwa 3–4 Wochen vor der Verhaftung Hilbergs in dessen Wohnung stattgehabten Vorfall. Zeuge hat sich zu Haus mit seiner Frau ein bischen „geknafft" (gezankt) und war dann zu Hilberg gegangen, der ihn bestellt hatte, die Stubenthüre auszubessern und deßhalb die nöthigen Vermessungen vorzunehmen. Zeuge sieht, daß das ganze Haus frisch geweißt ist; er glaubt, daß diese Vorbereitungen getroffen seien, um einer demnächstigen jungen Frau die Stätte zu bereiten, fragt den Angeklagten, ob er etwa heirathen wolle, und als dieser die Frage bejaht, warnte er (der allerdings schon wie so mancher Ehemann mit seiner Lebensgefährtin so manche „Widerwärtigkeit" gehabt haben mag) denselben, dann möge er sich vorsehen, daß er keine böse Frau bekomme. Der Angeklagte, gerade mit der Schuhmacherarbeit beschäftigt, erwidert, ohne daß von der D. Wiegand die Rede gewesen war, „das werde er schon thun; wenn er eine Frau bekomme, wie das Hinkel, dann schneide er ihr gleich den Hals ab". Als ihm Vornschlag vorhält, daß das nicht so gehe, setzte der Angeklagte hinzu, „das wäre ihm gar nichts, es solle nur ein Rutsch sein, dann wäre der Hals ab!" indem er hiebei mit einem Messer, mit welchem er gerade arbeitete, eine entsprechende Bewegung über seinen Hals hin machte. Vornschlag erwiderte: wenn so etwas herauskomme, das werde gar hart gestraft, dann könne Einer sein Lebtag in die Eisen kommen, und der Angeklagte antwortete lachend: „das solle kein Mensch nicht gewahr werden."

Die Ehefrau Vornschlag war demselben gefolgt und hatte an der offenen Thüre die ganze Unterredung mit angehört, erinnert sich derselben noch fast mit denselben Worten.

Besonders zu beachten ist die Vertheidigungsweise des Angeklagten; in der Voruntersuchung hatte er das ganze Gespräch beharrlich geleugnet; in der vorigen Schwurgerichtsverhandlung erzählte er folgendes Märchen: „er habe mit dem Vornschlag gesprochen, wie man Hinkel (Hühner) am besten schlachte, und dabei demselben mitgetheilt, er habe einmal einer Frau in Kassel (deren Namen und Wohnung er natürlich nicht anzugeben wußte) Hinkel geschlachtet und sei das jedesmal nur ein Rutsch gewesen; heute leugnet er wieder Alles und will sich auch auf Vorhalt seiner Vertheidigung im ersten Schwurgericht nicht mehr erinnern.

Es muß hier noch eingeschaltet werden, daß der Angeklagte die Zurechnungsfähigkeit dieser beiden Zeugen bestritten hatte, indem er sie in den drastischsten Ausdrücken, wie z. B.: er kann einen Stalleimer voll vertragen und sie ist den ganzen Tag „sterngranatenvoll", des Trunkes beschuldigte, mehrere Zeugen widerlegen diese Anschuldigungen der Hauptsache nach. Auch widerspricht derselben schon das ganze Auftreten der beiden Verleumdeten, insbesondere des Mannes.

Sie haben Beide nicht mehr an das Gespräch im Hilberg'schen Hause gedacht, bis zu dem Tage, wo Angeklagter verhaftet wird; da fällt es ihnen ein und ernst fragt Vornschlag seine Frau: „Sollte das doch wohl mehr sein, was der Hilberg gesagt hat?"

Auch diese Frau bekundet eine unvorsichtige Aeußerung des Martin Hilberg, Bruder des Angeklagten. Dieser ist mit noch einigen Burschen und Mädchen eines Abends im Vornschlag'schen Hause; sie trinken, scherzen und tanzen; die Mutter der Hilbergs kommt plötzlich und heißt ihren Sohn sich nach Haus zu begeben. Dieser ruft ärgerlich aus: „Besser, einmal einen gesoffen und getanzt, als einem den Hals zerschnitten."

Die Vernehmung der zwei Zeugen hatte eine gute Stunde gedauert.

Schluß der Sitzung 5 Uhr.

(Fortsetzung folgt.)

Didaskalia oder Blätter für Geist, Gemüth und Publicität, Sonntag, 19. Juni 1864

Quellenexegese 8:

Correspondenzen.

Marburg, 18. Juni.

Prozeß Hilberg.

(Fortsetzung.)

Am heutigen Tag fanden zwei für den Angeklagten im Allgemeinen pilustiges Resultat liefernde Sitzungen statt, die erste von 8 bis ½1 Uhr, die zweite von 4– ½6 Uhr. Es war bekannt geworden, daß wichtige Zeugenaussagen zu erwarten seien, der Andrang des Publicums war in Folge dessen so stark, daß der enge Zuhörerraum bald überfüllt war.

„Der Angeklagte ist am Orte der That in zutreffender Zeit mit der D. Wiegand zusammengetroffen" – war, wie man sich erinnern wird, im Anklage-Act behauptet. Dieß ungemein wichtige Moment nachzuweisen, ist der Hauptzweck der heutigen Beweisaufnahme.

Die Getödtete ist am Morgen des 9. September in der Wohnung des Angeklagten gewesen; mehrere Zeugen haben sie dorthin gehen sehen.

Mit gewandter Zunge, in drastischer Darstellung macht uns eine Zeugin (Margarethe Schneider) Mittheilungen über das Verhältniß des Angeklagten zur Dorothea Wiegand; sie hat Letztere oft bei Jenem gesehen; sie hat sich natürlich Reflexionen darüber gemacht, auch mit einer Nachbarsfrau darüber gesprochen, – leicht glaublich, denn worüber sprechen Frauen jedes Standes und Alters lieber! Sie hat geahnt, daß das Zusammensein, das Alleinzusammensein der jungen Leute böse Folgen haben könne, und ruft der Vertrauten mit prophetischem Munde die Worte zu:

> Wann Feuer und Stroh beisamme leit (liegt)
> Ein bischen Schnee dazwischen schneit
> So wird's doch endlich brenne!

Die nächste Zeugin macht wegen ihres elenden Aeußeren zunächst keinen guten Eindruck. Es ist die 48jährige Ehefrau Törner aus Ockershausen; man könnte sie für 70 halten, so gebeugt ist die Gestalt, so gebleicht das Haar. Es ist ein armes, unglückliches Geschöpf; ihr Mann hat sie treulos verlassen und ist nach Amerika gegangen; ihm geht es gut; sie nährt sich kümmerlich durch harte Arbeit. Seit jener Zeit ist ihr Erinnerungsvermögen geschwächt, ihre Gestalt zerfallen. Sie spricht mit schwacher, weinerlicher Stimme und scheint sehr „ängsterlich", wie sie eine Zeugin richtig bezeichnet. Der Vorsitzende hielt ihr, mit Rücksicht auf diese Verhältnisse und Erheblichkeit ihrer Aussage, Wesen und Heiligkeit des Eides nochmals mit ernsten Worten vor. Abgesehen von der Gedächtnißstörung scheinen ihre übrigen Geisteskräfte nicht gelitten zu haben; eine seltene ängstliche Gewissenhaftigkeit zeigt sich in ihren Aussagen; nur Umstände, denen sie sich genau erinnert, bekundet sie; hat sie irgend einen Zweifel, so theilt sie ihn sofort mit. Der Inhalt ihrer Depositionen ist folgender: Sie geht um jene Zeit an einem Morgen gegen 9 Uhr mit dem „Wiegandche" einen Feldweg (die sog. hohe Leuchte) hinauf nach dem Rothenberg (der zwischen Ockershausen und dem

Dammelsberg liegende Theil der Feldmark, welche hier von Osten nach Westen ein breiter Fahrweg durchschneidet). Die Wiegand erzählt ihr, sie wolle in den Dammelsberg, ihr Bursche habe sie dorthin bestellt, er wolle ihr etwas geben. Da wo die hohe Leuchte in die Straße einmündet, trennten sie sich, nicht ohne sich versprochen zu haben, auf einander zu warten. Zeugin geht auf eine nach links in mäßiger Entfernung gelegene Sandgrube zu; die Wiegand schlägt die Richtung nach dem Dammelsberg ein, die Törner wendet sich noch einmal um und sieht sie bei den dicht am Walde des Dammelsberges stehenden Pappelbäumen zum letzten Mal. Auf ihre Rückkehr wartet sie an der verabredeten Stelle wohl eine Stunde vergeblich; Dorothea Wiegand ist nie wieder von ihr gesehen worden. Die Zeugin hat ihre Aussagen furchtsam, mit häufigen Unterbrechungen auf mehrfache Vorhalte vorgebracht. Der Ehefrau Naumann, einer verständigen Frau, hat die Thörner einige Tage nach der Verhaftung Hilbergs dieses ihr letztes Zusammentreffen mit der Wiegand erzählt und dabei bestimmt auch den Montag als den betreffenden Tag bezeichnet.

Präsident: Angeklagter, was haben Sie auf diese Aussagen zu erklären?

Angeklagter: Nein, ich hab' die Wiegand nicht in den Dammelsberg bestellt.

Muß man sich wundern, daß Niemand auf das Schreien des unglücklichen Mädchen an dem 9. Sept. hingeeilt ist, ist es kaum zu begreifen, wie an dem sonst so belebten Orte die Leiche drei Tage unentdeckt hat liegen können; so ist es gewiß auch eine merkwürdige Fügung des Himmels, daß der einzige Zeuge, welcher den Angeklagten, den die Stimme des Volkes fast allgemein als Thäter bezeichnet, an jenem Morgen bei dem Dammelsberg gesehen haben will, verstorben ist, noch ehe er vernommen werden konnte.

Ein Ackermann Weber aus dem nahen Dorf Marbach hat an dem Tage, wo Hilberg verhaftet wurde – Sonnabend, den 14. Sept. – seiner Frau und Tochter erzählt, der Verhaftete sei ein Bursche aus Ockershausen, es sei der Ludwig Hilberg, er kenne ihn ganz genau und habe ihn auch auf „dem bunten Kitzel" (ein Wirthshaus) ein Glas Schnaps trinken, mit dem dortigen – inzwischen ebenfalls verstorbenen – Wirth Treuer sprechen und dann den Weg in der Richtung nach dem Dammelsberg einschlagen sehen.[63]

Präsident: Was haben Sie darauf zu erklären?

Angeklagter: Ich bin nicht da gewesen. Ich habe den Treuer gar nicht gekannt.

Der anwesende Bürgermeister von Marbach gibt dem Weber das Zeugniß eines braven, wahrheitsliebenden Mannes.

Angeklagter (gefragt, was er darauf zu erklären habe): Ich kann nichts dazu, ich

---

[63] Noch heute erinnert in Marburg der Straßenname „Bunter Kitzel", der hinauf zum Schlosspark führt, an ein Wirtshaus, das dort früher einmal stand und unter anderem ein beliebter Treffpunkt für studentische Fechtduelle war. Hier wurden Mensuren ausgefochten, und sonntags gab es Tanzmusik. „Oberhalb am nördlichen Schloßberg stand ein Haus mit Wirtschaftsgarten, es war der Bunte Kitzel." Der „bunte Kitzel", das „alte Wirtshaus an der Lahn", der Schützenpfuhl, Schwanhof, Hansenhaus und Pfeiffers Garten waren in früheren Zeiten die einzigen vor der Stadt Marburg gelegenen Gasthäuser. Vgl. Kürschner, Walter, Geschichte der Stadt Marburg, N. G. Elwertsche Verlagsbuchhandlung (G. Braun), Marburg 1934, S. 235.

habe auch sonst nichts gegen den Weber, hier hat er aber die Unwahrheit gesagt.

Von den in der Nachmittagssitzung vernommenen Zeugen haben zwei den Angeklagten an jenem Montag nach 10 Uhr von seinem Haus herabkommen sehen, eilenden Schrittes und mit hochgeröthetem Gesicht.

Von besonderer Wichtigkeit sind die Aussagen der beiden folgenden Zeugen. Joh. Heckmann, aus einem Dorf in der Nähe von Marburg, ist in das Gefängniß gekommen, als Hilberg schon saß. Ihre Zellen stoßen aneinander; Hilberg freut sich, einen Mann aus seiner Gegend als Leidensgefährten zu bekommen; er gewinnt Vertrauen zu ihm, theilt ihm mit, daß er einen Fluchtversuch beabsichtige, bittet ihn dabei um seinen Rath und fährt, als dieser ihm erklärt, ihm, solchen nicht ertheilen zu können, fort: „ich glaube, sie kommen mir doch noch an den Kragen und dann geht es bös an mich". Er erzählt ihm auch: „er sitze wegen des Mädchens, das am Dammelsberg todt gefunden worden sei; er habe es gekannt, auch vertrauten Umgang mit ihm gehabt, an jenem Montag habe er es in den Dammelsberg bestellt und sei dort mit ihm zusammen gewesen; nachher sei er weggegangen und später habe es geheißen, das Hinkel liege im Dammelsberg". Als ihm Heckmann bemerklich macht, daß es schlimm für ihn wäre, wenn es bewiesen wäre, daß er im Dammelsberg gewesen sei, versetzte er: „dann wolle er sagen, er hätte Futter für seine Schweine holen wollen."

Die Leumundszeugnisse des Heckmann lauten fast durchweg günstig, er wird darin als ein gutmüthiger, ja harmloser Mensch geschildert, der, des Mangels an Energie unfähig, sich durch seiner Hände Arbeit zu ernähren, sich öfters an fremdem Eigenthum vergriffen. Er ist in der That nur wegen Diebstahls – freilich sehr oft – bestraft und verbüßt jetzt auf dem Schloß dahier eine 7jährige Eisenstrafe.

Als im vorigen Jahr die Freisprechung Hilbergs erfolgte, hat er zu seinem Mitgefangenen Stadler geäußert, wenn die Geschworenen wüßten, was er wüßte, wäre er nicht freigekommen und ihm auf dessen Frage mitgetheilt, was er heute aussagt. Dieser hat die Anzeige gemacht; Heckmann hat lange mit seiner Aussage zurückgehalten, erst als er beeidigt war seine Wahrnehmungen bekundet.

Als beide, Heckmann und Stadler, gesprochen, forderte der würdige Präsident (Herr Oberappellationsrath Reuter) den ersteren auf, seine Aussage dem Angeklagten ins Gesicht zu wiederholen.

Den Blick auf denselben gerichtet, sprach er fast wörtlich wieder, was wir oben vernommen.

Der Angeklagte schaute ihm gleichfalls fest ins Auge. Lautlose Stille herrschte im Saal.

Als er geendet, fragte der Präsident wie gewöhnlich: Was haben Sie darauf zu erklären?

Angeklagter: Ich habe so etwas dem Heckmann nicht erzählt.

Schluß der Sitzung ½6 Uhr.

(Fortsetzung folgt.)

Didaskalia oder Blätter für Geist, Gemüth und Publicität, Dienstag, 21. Juni 1864

Quellenexegese 9:

Correspondenzen.

Marburg, 20. Juni.

Prozeß Hilberg.

(Fortsetzung.)

Auch die heutige Sitzung, obwohl nicht so ereignißreich, wie die vorige, brachte des Interessanten, des Bemerkenswerthen genug. Es wurden zunächst in Betreff des bei der Leiche gefundenen Messers mehrere Auskunftspersonen vernommen. Sollte es sich vielleicht auch hier. Wie schon oft, bewähren, daß leblose Gegenstände eine klarere Sprache sprechen, als der beredteste Zeuge?

Des Angeklagten Schwester, ein braves, treues, fleißiges Mädchen, hat in den Jahren 1857–1859 bei dem Hofregistrator Herzberger in Gießen gedient; Ludwig Hilberg hat oft seine Schwester besucht, deren Dienstherrschaft hat ihm stets freundliche Aufnahme gewährt. Die Herzbergers waren im Besitz eines alten, unscheinbaren Messers; sie hatten bessere, schönere Messer im Gebrauch; jenes alte war das einzige der Art; es wurde gewöhnlich in der Küche, im Garten verwendet. Im Jahre 1859 war es plötzlich verschwunden; das Mädchen halten sie beide eines Diebstahls nicht für fähig, doch der Gedanke drängte sich bei ihnen auf: konnte es nicht dessen schon wegen Diebstahls bestrafter Bruder bei einem seiner wiederholten Besuche mitgenommen haben? Wie die Behörden auf diese Spur gekommen sind, vermag ich im Augenblick leider nicht des Nähern mitzutheilen, dürfte auch nicht gerade sehr erheblich sein. Genug, die Eheleute Herzberger sind zu der heutigen Versammlung geladen und erkennen nach kurzem Suchen aus den ihnen vorgelegten Messern eins heraus, das mit angeblich dem ihnen abhanden gekommenen große Aehnlichkeit hat. Der Mann erinnert sich des Fabrikzeichens, das jenes Messer gehabt, ein Name mit dem Anfangsbuchstaben „S." (S.); bald fällt ihm der volle Name ein, merkwürdiges Zusammentreffen, auch das von dem Zeugen herausgesuchte Messer ist gerade so gezeichnet; es ist das bei der Leiche gefundene, sollte es wirklich dasselbe sein?

Präsident (nachdem diese beiden Zeugen vernommen): Angeklagter, was haben Sie darauf zu erklären?

Angeklagter: Ich habe den Herzbergers so kein Messer gestohlen, ich habe gar so kein Messer gehabt.

Die weiteren Verhandlungen suchten sodann Näheres über das Treiben des Angeklagten zur Zeit der That zu ermitteln. Er behauptet, an jenem Montag Morgen gegen 6 Uhr aufgestanden zu sein, danach Kaffee gekocht und eine Viertelstunde – etwa von 7 bis 7¼ Uhr – zum Einschlagen von Nägeln in die Schuhe der Wiegand gebraucht zu haben. Den übrigen Theil des Tages will er zum Besohlen der Schuhe des Forstlaufers Becker benutzt und diese Arbeiten nur unterbrochen haben, erstens um gegen 9 Uhr bei dem Steuererheber Burk Steuern zu bezahlen, dann nach 10 Uhr, um zwei Mal Wasser zum Beziehen des in seinem Garten aufgespannten Tuches zu holen, und endlich des Mittags, um für sich zu kochen und sein Vieh zu füttern.

Früher hatte er auch wiederholt behauptet, an jenem Tag verschiedene Geschäfte in der Stadt besorgt zu haben; von diesen Angaben ist er entschieden zurückgekommen und gibt jetzt vielmehr an, erst den Dienstag behufs Besorgung derselben in Marburg gewesen zu sein.

Wie bemerkt, will er gegen 9 Uhr bei dem Gelderheber Burk Steuern bezahlt haben. Diese Angabe ist als widerlegt zu betrachten. Burk selbst, ein 75jähr. gewissenhafter Mann, und noch einige andere völlig glaubwürdige Zeugen sagen ganz bestimmt aus, daß er schon kurz nach 6 Uhr dagewesen sei. Angeklagter benennt nun fünf Zeugen, welche das Gegentheil bekunden sollen. Welch fabelhaftes Gedächtniß zeigt er hier, er, der sich bei andern Gelegenheiten nicht der bekanntesten Thatsachen, nicht der wichtigsten Behauptungen zu erinnern weiß! Mehrere der von ihm verlangten Zeugen werden alsbald geladen und erscheinen noch während der Sitzung. Es sind drei Frauen; keine weiß irgend welche Auskunft zu ertheilen.

Angeklagter (auf Befragen, was er darauf zu erklären habe): Nichts, ich kann nichts dazu, wenn die Frauen nichts mehr wissen; dagewesen sind sie um 9 Uhr, als ich bei Burk war.

Auf die Frage des Präsidenten, ob er auf Abhörung der weiteren von ihm vorgeschlagenen Zeugen bestehe, erwidert er: „Es ist mir einerlei, ob die andern vernommen werden, die werden's grade so machen, wie die da auch."

Der Angeklagte will an jenem Morgen auch das Tuch begossen und dazu zwei Mal Wasser am Dorfbrunnen geholt haben; eine gewissen Margarethe Löwer habe ihn bei der erstern Beschäftigung gesehen, nachher nicht wieder; er hat ihr damals auch einige Zwetschen geschenkt.

Angeklagter: Es ist am 9. September gewesen; früher hätte ich ihr keine Zwetschen schenken können, denn da waren sie noch gar nicht reif.

Zeugin beharrt bei ihrer Aussage mit den Worten: „Ich habe die Wahrheit gesagt."

Durch die darauf folgenden Verhandlungen sollte festgestellt werden, daß der Angeklagte am 9. September gegen 9 Uhr den Weg nach dem Dammelsberg eingeschlagen habe. Durch zahlreiche sich gegenseitig unterstützende Zeugenaussagen ist dieß wohl mit einiger Sicherheit als erwiesen anzusehen; der Angeklagte verwickelt sich bei seiner Vertheidigung öfters in Widersprüche und antwortet schließlich auf die nach einer jeden Zeugenaussage an ihn gerichtete Frage, was er darauf zu erklären habe, mit einem kurzen trotzigen „Nicht".

Schluß der Sitzung ½2 Uhr.

(Fortsetzung folgt.)

Didaskalia oder Blätter für Geist, Gemüth und Publicität, Mittwoch, 22. Juni 1864

Quellenexegese 10:

Correspondenzen.

Marburg, 22. Juni.

Prozeß Hilberg.

(Fortsetzung.)

In dem zweiten Theile der gestrigen Verhandlungen wurde constatirt, daß der Angeklagte schon gegen 11 Uhr Morgens am 12. September Mittheilungen gemacht hatte des Inhalts, die D. Wiegand liege im Dammelsberg und sei ihr der Hals abgeschnitten. Der Anklageact hatte behauptet, daß erst Nachmittags die Leiche als die der Wiegand anerkannt und am Morgen in dieser Beziehung nur Vermuthungen aufgestellt worden seien, und schloß daraus, daß der Angeklagte der Thäter sein müsse. Dieser wollte schon am Morgen in der Stadt in einer Lederhandlung die Nachricht von der Auffindung eines todten Mädchens erhalten und dann auf dem Markt von einer dort feilhaltenden Obsthändlerin erfahren haben, daß es die D. Wiegand sei. Die heutige Beweisaufnahme wird sich nun zunächst darauf erstrecken, ob seine desfallsigen Angaben auf Wahrheit beruhen.

Unter den vorgeladenen Zeugen befindet sich auch des Angeklagten frühere Braut, die hübsche Regine Dörr aus Bauerbach.

Vernommen wird zuerst die Besitzerin jener Lederhandlung, wo der Angeklagte zuerst gehört haben will, daß ein Mädchen todt im Dammelsberg gefunden worden sei. Es ist wahr, die Zeugin bestätigt es; zwei Handelsleute haben an jenem Morgen diese Mittheilung im Laden gemacht.

Beide Handelsleute sind ermittelt. Der eine von ihnen ist ein hübscher, schwarzlockiger junger Mann. Seine Aussagen bringt er mit einem ewigen Lächeln vor. Seine und seines älteren Kameraden Dispositionen stimmen überein. Sie haben für jenen Tag in einer Civilsache einen Termin gehabt; es ist ihnen auf dem Amt gesagt worden, er könne nicht abgehalten werden, weil das Gerichtspersonal hinaus müßte auf den Dammelsberg, wo ein Mädchen ermordet gefunden sei; gegen 11 Uhr etwa haben sie in dem Laden erzählt, was sie gehört; ein Name der Todten ist von keiner Seite genannt worden; außer ihnen und der Frau ist nur noch ein Bauernbursche im Laden gewesen; er muß Alles gehört haben, es war Hilberg, wie jene bezeugt.

Der Angeklagte wollte dann auf dem Markt von einer Obsthändlerin (Schneider) gehört haben, daß die Getödtete die D. Wiegand, das Hinkel, sei. Es ist an jenem Tage, wie leicht zu denken, allerdings davon gesprochen worden; die Alte hat es wirklich auch gerade dem Angeklagten erzählt, aber wann? Sie hat früher bestimmt den Nachmittag bezeichnet; auch heute spricht sie noch immer ihre feste Ueberzeugung dahin aus, daß es nach Mittag gegen 1, 2 oder auch 3 gewesen sei, ohne die Möglichkeit, daß es auch früher geschehen sei, ganz auszuschließen.

Angeklagter: Das weiß ich nicht mehr, da weiß ich mich nicht mehr darauf zu besinnen.

Ein 19jähriges Mädchen hat neben der Alten gesessen; sie hat sie gegen 2 Uhr mit Hilberg sprechen sehen, weiß aber nicht worüber. Sie berichtet aber noch etwas anderes: den Sonntag vorher am späten Nachmittag ist sie mit der Wiegand durch die Straße gegangen, wo die Dienstherrschaft der Regine Dörr wohnt (Barfüßer Straße). Diese steht mit ihrem Geliebten vor der Hausthüre. Die Wiegand redet ihn an und fragt ihn, ob er mitwolle; „nein", entgegnete dieser. Mit den Worten: „ja ich bin Dir ja auch viel zu schlecht", eilt sie mit ihrer Begleiterin vorüber.

Nach dem Anklageact hat Hilberg den Verdacht der Thäterschaft auf einen Andern zu lenken versucht, auf den oft erwähnten Hartmann Muth. In der That werden von einigen Zeugen einschlagende Aeußerungen des Angeklagten bekundet. Er stellt sie theils in Abrede, theils gibt er sie zu, behauptet aber, nicht zuerst Verdacht gegen den Muth ausgesprochen zu haben, sondern erst durch Dritte darauf gebracht zu sein. Aber durch Wen? Seine Mutter, gibt er an, hat eine unbekannte Frau aus Oberweimar erzählt, die Dorothea Wiegand wäre von dem Hartmann Muth guter Hoffnung gewesen und noch am Montag Morgen betrübt und mit verweinten Augen am westlichen Ende der Stadt in dessen Gesellschaft gesehen worden. Die unbekannte Frau ist übrigens später doch ausfindig gemacht worden; sie ist wirklich eines Tages mit der Mutter des Angeklagten von Marburg nach Ockershausen gegangen; sie haben auch von dem Verbrechen gesprochen; nicht aber hat sie der Mutter, sondern diese ihr erzählt, Hartmann Muth sei der Verführer des Mädchens.

Ein Mann in Marburg sollte der Mutter Aehnliches mitgetheilt haben; er weiß von Nichts, wohl aber hat ihm die Mutter am Tage der Auffindung der Leiche erzählt: Die Wiegand hätte oft bei ihnen gearbeitet, sie sei aber nur am Tage, nicht auch des Nachts bei ihnen gewesen; einst hätten die Burschen ihren Ludwig mit der Wiegand geneckt und ihm, als diese zufällig das Dorf heraufgekommen sei, zugerufen: „Da kommt Deine Braut"! Darüber sei er aber so böse geworden, daß er die Leute, die das gesagt, habe schlagen wollen.

(Fortsetzung folgt.)

Didaskalia oder Blätter für Geist, Gemüth und Publicität, Freitag, 24. Juni 1864

Quellenexegese 11:

Correspondenzen.

Marburg, 24. Juni.

Prozeß Hilberg.

(Fortsetzung)

Bei zwei seiner Mitgefangenen hat der Angeklagte erzählt: „Das Mädchen, das im Dammelsberg gefunden wäre, hätte Flecken an sich gehabt, wie von Fingernägeln; das Gericht habe auch seine Finger untersucht; er aber sei pfiffig, er habe sich die Nägel vorher erst geschnitten.

Noch zwei Hauptzeugen sind zu vernehmen. Die erste, Katharina Moog, ist eine verschmitzte, heuchlerische Person, wegen der heterogensten Verbrechen, Fälschung, Mißhandlung ihrer Mutter, Diebstahl, Landstreicherei x. 25 Mal gestraft. In näselndem furchtbar widerlichem Tone macht sie ihre an sich den Angeklagten im höchsten Grade gravirende Aussagen. Glauben dürfen ihr natürlich nicht viel beizumessen sein; voraussichtlich wird sie von dem Vertheidiger gehörig geschildert werden; der Angeklagte erklärt, als sie ausgesprochen: „Der Herr Staatsprocurator hat die Moog das vorige Mal verworfen, ich glaube er that's auch diesmal." – Nach ihrer Deposition hat Hilberg der Bald ganz genau die That beschrieben: er habe das Mädchen in den Dammelsberg bestellt, nachdem er sich vorher Muth getrunken; er habe sich dann eine Zeitlang mit ihr herumgezogen, und ihr dabei das Messer an den Hals gesetzt; dann habe er das Messer in ihre Hand gelegt, damit man denken solle, sie habe sich selbst umgebracht; ein Mützchen habe er bei der That verloren; er wundere sich, daß es das Gericht noch nicht gefunden habe.

Nicht minder belastend sind die Depositionen des letzten Zeugen, eines Metzgers (Hirsch Stilling). Die Auskunftspersonen erklären den Ruf des Zeugen im Allgemeinen für schlecht, glauben aber, daß er, wenn nicht Feindschaft oder persönliches Interesse vorliege, doch wohl die Wahrheit sagen werde. Der israelitische Lehrer bezeichnet ihn als einen moralisch schlechten Charakter, einen Lügner und Prahler, der ihn selbst auch einmal durchgeprügelt habe. Er hat früher zahlreiche und sehr specielle Angaben über das Treiben des Angeklagten und insbesondere seine Gespräche mit der Bald gemacht. Heute spricht der Zeuge Stelling nur mit häufigen Unterbrechungen, fast für jede Angabe muß ihm zuerst ein Bordest gemacht werden. Seine Aussage enthält wohl alle die einzelnen Mittheilungen, welche die vorhergehenden Zeugen schon gemacht; neu ist insbesondere nur der Auftrag, welchen ihm Hilberg ertheilt, er möge seiner Mutter sagen, sie solle in die Stadt gehen und einen Brief schreiben lassen, daß er (Hilberg) unschuldig leide, und der eigentliche Thäter schon längst in Sicherheit sei. Wir könnten aus seiner Aussage allerdings wohl noch manches mittheilen, halten dieß aber nicht für erforderlich, da sowohl dieses als des vorhergehenden Zeugen Depositionen wohl nicht erheblich in Anschlag gebracht werden dürften.

Als die Vernehmung Stillings beendet, fragte der Herr Präsident, ob von irgend einer Seite in Beziehung auf die Beweisaufnahme Einwendungen erhoben wür-

den. Der Angeklagte stellte den Antrag, seine Mutter zu vernehmen, welche bekunden sollte, daß er nicht (wie eine Zeugin behauptet hatte), den Montag, sondern den Donnerstag im Kuhlichen gewesen und ihr die Mittheilung von dem
Tode des Hinkels gemacht habe. Das Gericht wies mit Rücksicht auf den Umstand, daß die Mutter schon wiederholt erklärt habe, Zeugniß nicht ablegen zu
wollen, den Antrag zurück.

Die Beweisaufnahme ward dann für geschlossen erklärt.

Schluß der Sitzung 7½ Uhr.

Marburg, 25. Juni.

In der heutigen Sitzung plaidirten der Herr Staatsprocurator Brauns und der Herr
Vertheidiger Herr O.=G.=Anwalt Dr. Wolf.

Zur Begründung und Aufrechterhaltung der Anklage erhielt zunächst der Herr
Staatsprocurator das Wort. In seiner fast 1½stündigen leidenschaftslos aber
überzeugend gehaltenen Rede entwickelte er auf musterhafte Weise das Resultat
der 14tägigen Verhandlungen, und bedauern wir, uns hier auf einen gedrängten
Auszug derselben beschränken zu müssen.

Indem Redner von einer kurzen Charakteristik der ganzen Beweisaufnahme
überhaupt ausging, beleuchtete er namentlich die Art und Weise, wie die Zeugen
ihre, allerdings schon vor Jahren gemachten Wahrnehmungen mittheilten. Trotz
dieses Zeitraums hätten sie im Allgemeinen nichts von ihrer Frische verloren;
durch die wenigen Ausnahmen (Zeuge Schäfer x.), auf die er, obwohl für den
Angeklagten gravirend, kein Gewicht lege, würden sich auch die Geschworenen
in ihrem Urtheil nicht beeinflussen lassen.

Sodann, nur die Hauptsachen berührend, führte Herr Brauns noch einmal den
Gang der ganzen Verhandlung und damit zugleich den Gang seiner Rede den
Geschworenen vor die Seele, wie zuerst der objective Thatbestand festgestellt
sei, wie dann von vornherein der Verdacht auf den Geliebten der Ermordeten
gefallen, wie Angeklagter besondere Gründe gehabt habe, das Bekanntwerden
der zu erwartenden Zeugen seines Verhältnisses mit der D. Wiegand zu fürchten, wie er durch Versprechungen und Drohungen versucht habe, das Mädchen
zu bewegen, seinen Verführer zu verschweigen, und als ihm dieß nicht gelungen, den Vorsatz gefaßt und zu erkennen gegeben habe, sich der Wiegand zu
entledigen, wie Angeklagter mit derselben in Folge einer Verabredung am 9.
September auf dem Dammelsberg zusammengetroffen, wie sein Benehmen nach
der That und im Gefängniß ein auffälliges gewesen sei und wie endlich die An-
gehörigen Hilbergs von dessen Schuld selbst überzeugt seien.

Da die einzelnen Zeugenaussagen, wie die ganze Beweisaufnahme als bekannt
vorausgesetzt werden müssen, so ist es uns nur noch um Hervorhebung der
wichtigsten Punkte zu thun.

(Fortsetzung folgt.)

Didaskalia oder Blätter für Geist, Gemüth und Publicität, Dienstag, 28. Juni 1864

Quellenexegese 12:

Correspondenzen.

Marburg, 4. September.

Schon Mitte Juli war Ihnen in einer Correspondenz von hier aus die Mittheilung gemacht, daß das Gnadengesuch des am 27. Juni d. J. von dem hiesigen Schwurgericht wegen Meuchelmords der Dorothea Wiegand aus Ockershausen zum Tode verurtheilten Ludwig Hilberg abgeschlagen und derselbe demnächst wohl hingerichtet werden würde. Die Nachricht war mindestens sehr verfrüht, da bis jetzt die landesherrliche Entscheidung noch nicht eingetroffen ist. Die in derselben Nummer Ihres Blattes mitgetheilte Nachricht, daß Hilberg gestanden habe, bestätigt sich. Das Geständniß, das er zuerst seinem Seelsorger und seinem Vertheidiger gegenüber abgelegt und dann auch bei der Staatsbehörde wiederholt hat, soll im Wesentlichen mit dem Resultat der Verhandlungen übereinstimmen. Zu einer Erwägung gibt unser Fall vorzugsweise Anlaß. Nach den meisten Criminalgesetzgebungen ist, wenn die Jury einmal das „Nichtschuldig" ausgesprochen, eine Wiederaufnahme des Verfahrens nicht gestattet. Was das Bessere ist, das ist eine noch unentschiedene Frage. Mag man darüber denken, was man wolle: in diesem Falle hat sich unser Gesetz bewährt. Die Stimme des Volkes bezeichnete von Anfang an mit seltener Einmüthigkeit den Verurtheilten als den Mörder; selbst als die erste Verhandlung nicht genügendes Material lieferte, um bei allen Geschworen die Ueberzeugung seiner Schuld zu begründen, die Ueberzeugung des Volkes wurde nicht davon berührt, fast hätte es damals den aus der Haft Entlassenen gesteinigt. Wie nun, wenn es gezwungen worden wäre, den Menschen, den es allgemein als des schauderhaftesten Verbrechens schuldig erachtete, unter sich zu binden? Würde da nicht sein ganzer Groll sich gegen das Gesetz gewendet haben, würde sein Vertrauen auf Recht und Gerechtigkeit nicht auf das Tiefste erschüttert worden sein? Ich glaube gewiß. Und kann wohl von einem schwereren Unglück ein Land betroffen werden?

Didaskalia oder Blätter für Geist, Gemüth und Publicität, Mittwoch, 7. September 1864

Quellenexegese 13:

Der Verteidiger: Dr. Julius Wolff (1828-1897)

Bernhard Julius Friedrich Wolff, Rufname Julius (* 1. September 1828 in Marburg; † 25. Januar 1897 in Marburg), war ein deutscher Jurist, Stiftungsverwalter, Vizebürgermeister von Marburg sowie Abgeordneter des Kommunallandtages Kassel und des Preußischen Abgeordnetenhauses.

Porträt des Juristen Dr. Julius Wolff, Marburg (1828-1897). Foto: Wikipedia/gemeinfrei

Julius Wolff war der Sohn des Postsekretärs Ludwig Wolff und seiner Ehefrau Luise, geb. Haase. Er war reformierter Konfession und verheiratet mit Maria, geb. Theiß (* 8. März 1826 in Marburg; † 28. März 1876 in Marburg).[64]

Nach dem Fakultätsexamen an der Universität Marburg im März und der juristischen Staatsprüfung in Kassel im September 1851 wurde Julius Wolff Obergerichtsreferendar in Marburg. Am 11. Juni 1853 wurde er zum Dr. iur. promoviert und erhielt gleichzeitig die Venia legendi als Privatdozent für Rechtswissenschaft an der dortigen Universität; die Lehrverpflichtungen nahm er nur kurzzeitig wahr.[65] Sein Hauptkolleg von 1853 bis 1888 war ein Pandektenpraktikum an der juristischen Fakultät. Im selben Jahr 1853 wurde er als Nachfolger seines

---

[64] Pelda, Dieter, Die Abgeordneten des Preußischen Kommunallandtags in Kassel 1867-1933, Elwert, Marburg 1999 (= Vorgeschichte und Geschichte des Parlamentarismus in Hessen 22; Veröffentlichungen der Historischen Kommission für Hessen 48,8), S. 253 f.

[65] Catalogus Professorum Academiae Marburgensis: Die akademischen Lehrer der Philipps-Universität Marburg von 1527 bis 1910, bearb. von Franz Gundlach, Elwert, Marburg 1927 (= Veröffentlichungen der Historischen Kommission für Hessen 15, 1), S. 163.

Vaters zum Verwalter der seit 1611 bestehenden wohltätigen Dr. Wolffischen Stiftung in Ockershausen bestellt.[66]

Es folgten die Zulassungen in Marburg als Obergerichtsanwalt zu Beginn des Jahres 1864 und – nach der Eingliederung Kurhessens in den preußischen Staat – im Jahr 1868 die Bestellung zum Notar. Im Jahr 1881 erhielt er den Ehrentitel Justizrat.

Wolff wohnte in Marburg im Haus Am Grün 599, er war als Nationalliberaler langjähriges Mitglied der Marburger städtischen Körperschaften. Von 1868 bis 1873 hatte er das Amt des Vizebürgermeisters der Universitätsstadt inne.[67] Er vertrat die Stadt im Kommunallandtag des Regierungsbezirks Kassel in der preußischen Provinz Hessen-Nassau von 1878 bis 1885.[68] In einer Ersatzwahl löste er im Januar 1878 den freikonservativen Landrat des Kreises Marburg Wilhelm Hartmann Mayer (1821-1899) als Abgeordneten im Preußischen Abgeordnetenhaus ab, der wegen juristischer Probleme sein Mandat aufgeben musste. Wolff hatte das Mandat bis zum Ende der 13. Legislaturperiode im Oktober 1879 inne.[69]

Julius Wolff wurde am 14. Januar 1859 in den Bund der Freimaurer aufgenommen. Im Jahr 1871 gehörte er zu den Wiederbegründern der Marburger Loge Marc Aurel zum flammenden Stern, deren Meister vom Stuhl er viele Jahre war.[70]

Unter seiner Führung wurde 1862 von 14 Männern der Schützenverein Marburg ins Leben gerufen. Am 30. Juli 1862 wurde der Antrag auf Vereinsgründung eingebracht, dem mit kurfürstlichem Regierungsbeschluss am 28. August 1862 entsprochen wurde.

Literatur

Jochen Lengemann: MdL Hessen 1808-1996 – Biographischer Index (Politische und parlamentarische Geschichte des Landes Hessen, 14; Veröffentlichungen der Historischen Kommission für Hessen, 48/7), Marburg 1996, S. 419

---

[66] Schmidt, Die Dr. Wolff'sche Stiftung zu Marburg 1611-1961, 1961; Bauer, Hermann, Vom Wolff'schen Hospital in Ockershausen u. seinem Glöckchen, Aus der Vergangenheit (Marburg) 1952, Nr. 113.
[67] Drechsler, Hanno; Dettmering, Erhard; Grenz, Rudolf (Hrsg.), Marburger Geschichte – Rückblick auf die Stadtgeschichte in Einzelbeiträgen, Rathaus-Verlag, Marburg 1980, S. 436.
[68] Pelda, wie oben; Lengemann, Jochen, MdL Hessen 1806-1996, Biographischer Index, Hrsg.: Historische Kommission für Hessen, Marburg 1996, S. 419.
[69] Drechsler; Dettmering; Grenz, wie oben, S. 458.
[70] Marburger Freimaurer-Dokumentation, bearb. v. Helmut Keiler, Gießen 1980 [UB Marburg].

Quellenexegese 14:

Der Staatsanwalt: Carl Brauns (1820-1890)

Carl Ludwig Ferdinand Brauns wurde am 24. Juli 1820 in Kassel geboren. Sein Vater war Dr. phil. Carl Eduard Brauns (1793-1846), 1816 Lehrer am Lyzeum Fridericianum Kassel und Hauslehrer der Töchter des Kurprinzen Wilhelm, ab 1839 Direktor und erster Lehrer des Gymnasiums zu Rinteln, die Mutter war die Pfarrerstochter Henriette Magdalene Christine, geborene Schmidt. Im Frühjahr 1839 bestand Carl Brauns am Kasseler Gymnasium das Abitur. Anschließend studierte er während der Jahre 1839-1842 an den Universitäten Marburg und Göttingen Rechtswissenschaften. Am 12. November 1842 legte er in Marburg die juristische Fakultätsprüfung ab, der am 3. März 1843 in Kassel die juristische Staatsprüfung folgte. Das letztgenannte Examen war die Voraussetzung für den Eintritt in den richterlichen Dienst des Kurfürstentums. Am 30. März 1843 wurde er zum Obergerichtsreferendar in Rinteln ernannt. Vom 1. Juni 1849 bis zum 31. Oktober 1851 war er Landgerichtsassessor in Kassel, vom 1. November 1851 bis zum 31. März 1858 Substitut bei dem Staatsprokurator des Obergerichts in Kassel und als solcher bei dem Kriminalgericht in Fritzlar tätig, und vom 1. April 1858 bis zum 31. Dezember 1863 Justizbeamter in Eiterfeld.

Vom 1. April 1864 bis zum 31. August 1867 bekleidete er das Amt des Staatsprokurators bei dem Obergericht in Marburg. Die Familie Brauns hatte ihre Wohnung in Marburg am Deutschen Haus 541K. In den durch die Gesetze vom 20. September und 24. Dezember 1866 mit dem Preußischen Staate vereinigten Ländern wurden die kurhessischen Staatsprokuratoren zu Staatsanwälten ernannt, darunter Carl Brauns. Er wurde im September 1867 zum Staatsanwalt bei dem neu gebildeten Kreisgericht in Marburg berufen. Diese Stelle hatte er bis zum Oktober 1879 inne. Am 10. Mai 1884 wurde Brauns als Universitätsrichter an der Universität Marburg eingeführt und verpflichtet. Der Staatsanwalt a.D. hatte dieses Amt nur etwa zwei Jahre inne.

Im Jahr 1885 ordnete das Ministerium an, dass seine Bezüge als Universitätsrichter in Höhe von 900,- Mark auf sein Ruhegehalt als Staatsanwalt anzurechnen und – soweit sie bereits ausgezahlt waren – zurückzuerstatten seien. Hieraus entwickelte sich ein dreijähriger Rechtsstreit, den Staatsanwalts a.D. Brauns gegen die Königliche Regierung in Kassel führte.[71] Carl Brauns starb am 10. Oktober 1890 in Marburg.

Aus der Ehe mit Mathilde, geb. Meurer (1832-1919), Tochter des Postamts-Kassenkontrolleurs Adolph Meurer und Caroline, geborene Heidecker, gingen vier Kinder hervor, darunter der Sohn Adolf Eduard (* 1852 in Fritzlar), der von Ostern 1864 bis Herbst 1870 das Gymnasium zu Marburg besuchte.

In „Eberhardt's Allgemeinem Polizei-Anzeiger" (Dresden) steht in der Ausgabe vom 21. September 1864 ein Steckbrief, der den Betrachter staunen lässt: „Stadtler, Anton, Eisensträfling von Bieber [im hessischen Spessart] ... Alter: 31 J. ... ist am Vormittag d. M. mit der Strafkette am 1. Bein aus dem hies. Stock-

---

[71] Hessisches Staatsarchiv Marburg 167 K, 47.

haus entwichen. Ich ersuche um Fahndung und Ablieferung im Betretungsfalle. Marburg, 7/9. 64. Der Staatsprokurator: Brauns."

Literatur

Otfried Keller: Die Justitiare – Syndici, Universitätsrichter und Universitätsräte – der Universität Marburg. Ein Beitrag zur Marburger Universitäts- und Rechtsgeschichte, Selbstverlag der Hessischen Historischen Kommission Darmstadt und der Historischen Kommission für Hessen, Darmstadt und Marburg 1985, S. 78

Quellenexegese 15:

Der Schwurgerichts-Präsident: Otto Neuber (1813-1868)

Otto Hartmann Neuber wurde am 14. Oktober 1813 in Kassel geboren. Er begann seine Laufbahn 1835 als Rechtskandidat beim Obergericht Kassel. Seine Personalakte hat die Laufzeit 1835-1867.[72]

Ab 1846 war Neuber Assessor beim Obergericht in Rinteln, dann Obergerichtsrat in Kassel und ab 1850 auch Oberauditeur. Das Kurfürstlich Hessische Hof- und Staats-Handbuch auf das Jahr 1851 präsentiert das neu formierte kurfürstliche Generalauditoriat. Ihm gehörten als Mitglieder Generalmajor Aloysius Sebastian von Amelunxen (1787-1860), Kommandeur der Kavalleriebrigade, der Oberstleutnant und Flügeladjutant des Kurfürsten Rudolph Wilhelm von Kaltenborn (1799-1854), interimistischer Kommandeur des Leib-Garde-Regiments, und die konservativen späteren Oberappellationsgerichtsräte Thomas Scheffer (General-Auditeur), Obergerichtsrat Otto Neuber (Oberauditeur) und Obergerichtsrat Heinrich Robert Martin (Oberauditeur) und an.

Im August und September 1853 führte Obergerichtsrat Neuber den Vorsitz bei der schwurgerichtlichen Verhandlung in Fulda gegen Friedrich August v. Loßberg aus Kculos, einem ehemaligem kurhessischen Offizier, wegen Hochverrats und Fälschung, der am Ende aber wegen Drohungen und unbefugter Verhaftung belangt wurde und dafür eine sechswöchige Gefängnisstrafe zu verbüßen hatte, berichtete die „Allgemeine Zeitung" (München) am 11. September 1853.

Das Berufungsurteil des Kriminalsenats des Obergerichts Kassel in dem neu aufgenommenen Prozess gegen die Mitglieder der Ständeversammlung von 1850 wurde am 17. Februar 1855 vom Obergerichtsrat Johann Adam Baumgard (1796-1871) als Vorstand, dem Obergerichtsrat Carl Grandidier, Obergerichtsrat Otto Neuber, Obergerichtsassessor Gustav Adolph du Fais und Obergerichtsassessor Kammerherr Georg von Hesberg als Mitgliedern unterzeichnet.[73]

Im Zeitraum 1860-63 war Otto Neuber selbst General-Auditeur. In der „Hessenzeitung" verlautete am 9. Dezember 1863, dass Neuber wie auch Obergerichtsrat Dr. Otto Baehr (1817-1895) in Kassel von Seiner Königlichen Hoheit dem Kurfürst zum Oberappellationsgerichtsrat ernannt worden war. Als solcher blieb er bis 1866 Mitglied des Oberappellationsgerichts und war dort (1866) einer von 14 Oberappellationsgerichtsräten unter dem Präsidenten (seit 1860) Dr. Conrad Schellenberg (1793-1867). Die Sitzungstage des Zivilsenats waren am Dienstag, Freitag und Sonnabend, die Sitzungstage des Kriminalsenats am Montag und am Donnerstag.

Als Otto Neuber in der Funktion des Präsidenten den Prozess gegen Ludwig Hilberg leitete, befand er sich wegen Blasensteins in ärztlicher Behandlung beim praktischen Arzt und Chirurg Dr. Benedict Stilling (1810-1879), der seine Ergebnisse und Maßnahmen in der Zeitschrift „Deutsche Klinik" 1865 und 1867

---

[72] Hessisches Staatsarchiv Marburg HStAM, 250, 1009 und 263, 465.
[73] Hessisches Staatsarchiv Marburg HStAM, 340.

zu Papier brachte („Fortgesetzter Bericht über Harnblasenstein-Operationen").
Er schrieb zur Person Neuber und zu dessen anfänglichen Beschwerden:

„1865. Juli. Hr. Ober-Appellationsgerichts-Rath Neuber in Cassel, ein hochgewachsener, herculisch gebauter Mann, 51 Jahre alt, der eigentlich nie im Leben krank gewesen war, spürte seit 3 Jahren alle rationellen Zeichen eines Blasensteins. Er empfand zuerst im Frühjahr 1862 auf einem Spaziergange heftigen Harndrang; beim Versuch zu uriniren zeigte sich vollständige Harnverhaltung."

Und dann: „Jahre (1863) trank Pat[ient] Wildunger Wasser als Präservativmittel und machte eine kleine Reise ohne Beschwerde. Im Mai 1864 reiste Pat. wiederum, um als Präsident bei den Schwurgerichts-Sitzungen in Marburg zu fungiren. (…) Am 1. Juli 1864 consultirte Pat. Hrn. Professor Roser in Marburg, der die Anwesenheit eines Steins durch die Sonde constatirte. (…) Am 5. Sept. reiste Pat. nach Cassel zurück, in hohem Grade elend, wie weiter unten noch genauer angegeben werden wird. Am 26. Sept. 1864 ging wieder ein großes Steinfragment ab. (…)"

1867 wurde Otto Neuber zum Mitglied des Appellationsgerichts Kassel ernannt. Die „Allgemeine Zeitung" berichtete in der Beilage zu ihrer Ausgabe vom 1. Oktober 1867, dass die Oberappellationsgerichtsräte Carl Reinhard Kaup, Georg Otto Gleim, Thomas Scheffer, Heinrich Robert Martin und Otto Neuber in Kassel unter Belassung ihres bisherigen Charakters und Rangs zu Mitgliedern und der Obergerichts- und geheime Justizrat Carl Grandidier in Kassel unter Belassung seines bisherigen Charakters und Rangs als geheimer Justizrat zum Appellationsgerichtsrat und Mitglied des Appellationsgerichts in Kassel ernannt worden seien.

Otto Neuber starb am 23. Januar 1868.

Literatur

Wolf Erich Kellner: Verfassungskämpfe und Staatsgerichtshof in Kurhessen (= Beiträge zur hessischen Geschichte H. 3), Trautvetter & Fischer, 1965, S. 45

Quellenexegese 16:

Der Seelsorger: Wilhelm Kolbe (1826-1888)

Pfarrer Wilhelm Kolbe hat den Delinquenten im Gefängnis seelsorgerisch betreut und ihn gemeinsam mit dem Stockhausgeistlichen, Pfarrer Conrad Wille, am 14. Oktober 1864 auf seinem letzten Gang begleitet.

Porträt des Pfarrers Wilhelm Kolbe, Marburg (1826-1888). Der Gegner der Renitenz in Hessen kam sich „wie ein entwurzelter Baum" vor, als er 1887 seinen Wohnsitz von Marburg nach Kassel verlegen musste. Foto: Bildarchiv Foto Marburg, Abdruck mit freundlicher Genehmigung

Wilhelm August Friedrich Kolbe kam am 7. August 1826 in Marburg als Sohn des Kontrolleurs der Landschul-Kassen Regierungsprobator Dietrich Kolbe und dessen Frau, Charlotte Friederike Auguste, geborene Ruppersberg, zur Welt. Bis 1847 besuchte er das kurfürstliche Gymnasium in Marburg, dessen Direktor im April 1833 August Friedrich Christian Vilmar (1800-1868) geworden war.

In einer „statistischen Übersicht" in einer Schrift mit dem eigentümlichen Titel „Zu der öffentlichen Prüfung der Schüler des kurfürstlichen Gymnasiums zu Marburg im Jahre 1848 welche am 10. 11. und 12. April stattfinden wird ladet ergebenst ein der Gymnasialdirector Dr. A. F. C. Vilmar" (Marburg 1848) wird Kolbe als entlassener Primaner aufgeführt: „Am 29. September 1847 wurden mit Zeugnissen der Reife entlassen die Primaner: (...)

2) Wilhelm Kolbe aus Marburg, 21¼ Jahr alt, 9½ Jahr im Gymnasium, 2 Jahr in Prima. Er valecidierte mit einem Redeversuche ‚de consilio C. Corn. Taciti, quo libros suos conscripserit', und widmet sich dem Studium der Theologie."

Mit 24 Jahren wurde er am 29. Januar 1851 unter die Kandidaten des Predigtamtes aufgenommen und empfing am 31. Oktober des Jahres die Ordination. Wie die Mehrzahl der jungen Theologen übernahm auch er anfänglich (1852) eine Stellung als Hauslehrer in Rastatt, wurde 1853 Pfarrgehilfe zu Wetter, dann Pfarrverweser in Goßfelden und 1856 als Subdiakon (Pfarrer) nach Marburg berufen.

Bis 1876 als Pfarrer an der lutherischen Stadtkirche eingesetzt, wurde Kolbe in dem Jahr zum Ecclesiasten und 1. Pfarrer an St. Elisabeth berufen. 1887 wurde er Generalsuperintendent in Kassel (der erste der kurhessischen Kirche).

In den „Mittheilungen an die Mitglieder des Vereins für hessische Geschichte und Landeskunde" verlautete in einem Nachruf: „(…) ein Herzschlag traf ihn am 11. Juni, eben von einer Berufsreise nach Schmalkalden heimgekehrt, welche er bereits leidend unternommen hatte."

Verheiratet war Wilhelm Kolbe mit Mathilde Dithmar, Tochter des Pfarrers, Schriftstellers, Historikers und Gymnasiallehrers am Marburger Gymnasium Georg Theodor Dithmar (1810-1901) und Helene, geborene Jordan, die laut Amtsblatt der Königlichen Regierung zu Kassel 1911 in Marburg mit dem Frauenverdienstkreuz in Silber ausgezeichnet wurde.

Literatur

Mittheilungen an die Mitglieder des Vereins für hessische Geschichte und Landeskunde, Jahrgang 1888, L. Döll, Kassel 1887, S. CVII

Matthias Blazek

"Herr Staatsanwalt, das Urteil ist vollstreckt."

Die Brüder Wilhelm und Friedrich Reindel

Scharfrichter im Dienste des Norddeutschen Bundes und Seiner Majestät 1843–1898

ISBN 978-3-8382-0277-8
166 S., Paperback, € 18,90

Erhältlich in jeder Buchhandlung
oder direkt bei

ibidem

Matthias Blazek legt mit diesem Buch die erste ausführliche Lebensbeschreibung der beiden Scharfrichterbrüder Wilhelm und Friedrich Reindel vor. Dass es die erste derartige Aufarbeitung ist, zeigt wiederum, wie wenig sich die Geschichtswissenschaft bislang diesem Bereich gewidmet hat, obwohl Scharfrichter sehr wohl im besonderen öffentlichen Augenmerk ihrer Zeitgenossen standen – je öfter sie tätig wurden, desto bekannter waren sie auch.

So zählte Friedrich Reindel (1824–1908), Patenkind des Preußenkönigs Friedrich Wilhelm I., zu den bekanntesten Scharfrichtern Deutschlands und wurde gar mit dem Spitznamen „Vater Reindel" belegt – was wohl auch dem Umstand geschuldet ist, dass er noch bis ins hohe Alter als Scharfrichter mit dem Handbeil Enthauptungen vornahm. In den letzten Jahrzehnten des 19. Jahrhunderts wurden fast alle Todesurteile im norddeutschen Raum durch ihn vollstreckt.

Während Friedrich Reindel von 1874 bis 1898 seines grausigen Amtes waltete, war vor ihm sein älterer Bruder Wilhelm Reindel (1813–1872) der Hauptakteur der Jahre 1852 bis 1870. Er war gemeint, wenn vom „Scharfrichter des norddeutschen Bundes" oder dem „Scharfrichter aus Werben in der Altmark" die Rede war. Sein jüngerer Bruder assistierte ihm dabei bereits bei 40 Hinrichtungen.

Der Autor:

Matthias Blazek, Journalist und Historiograph, knüpft mit seinem jüngsten Werk an sein vielbeachtetes Buch *Scharfrichter in Preußen und im Deutschen Reich 1866–1945* (ISBN 978-3-8382-0107-8) an.

ibidem-Verlag • Melchiorstr. 15 • 70439 Stuttgart • Tel.: 0711/9807954 • Fax: 0711/8001889
ibidem@ibidem-verlag.de

Matthias Blazek

Die Grafschaft Schaumburg 1647–1977

ISBN 978-3-8382-0257-0
154 S., Paperback, € 18,90

Erhältlich in jeder Buchhandlung
oder direkt bei

ibidem

Der Landkreis Grafschaft Schaumburg, der von 1948 bis 1977 bestand und dessen Kreishauptstadt Rinteln war – mit dem daraus resultierenden Kfz-Kennzeichnen *RI* –, ist vielen Menschen noch bis heute in Erinnerung.

Matthias Blazek beschreibt in seinem Werk zur Geschichte der Grafschaft Schaumburg anschaulich und auf Grundlage historischer Urkunden und Darstellungen zahlreiche Landstriche, Begebenheiten und Schicksale auf heutigem Schaumburger Gebiet im Zeitraum von 1647 bis 1977. Er förderte bei seinen umfangreichen Recherchearbeiten auch bislang unbekannte Details wieder zu Tage, beispielsweise zur vermeintlichen Vergiftung des Grafen Otto im Jahre 1640.

Matthias Blazek beweist mit diesem Werk aufs Neue, dass er es wie kein Zweiter versteht, regionalhistoriographisch packend zu berichten und Vergangenes für den Leser wieder lebendig werden zu lassen. Kein Ort der ehemaligen Grafschaft Schaumburg bleibt unerwähnt. Ausführliche Orts-, Personen- und Sachregister helfen dem interessierten Leser wie dem Heimatkundler bei der gezielten Suche.

Der Autor:

Matthias Blazek, Jahrgang 1966, hat sich mit zahlreichen Büchern zur niedersächsischen Landesgeschichte Anerkennung erarbeitet. Bereits in seinem Werk "Von der Landdrostey zur Bezirksregierung – Die Geschichte der Bezirksregierung Hannover im Spiegel der Verwaltungsreformen" (*ibidem*-Verlag 2004, ISBN 978-3-89821-357-8) behandelte er das Thema des Landkreises Grafschaft Schaumburg, der 1977 mit dem Landkreis Schaumburg-Lippe zum neuen Landkreis Schaumburg vereinigt wurde. Zum Thema dieses Bandes hat Blazek eine besondere Affinität, war er doch von 1992 bis 1994 Kreispressewart der Schaumburger Feuerwehren und verfasste in diesem Zeitraum auch zahlreiche Artikel für das *Schaumburger Wochenblatt*, den Schaumburger *General-Anzeiger*, die *Schaumburger Nachrichten* und den *Steinhuder Meerblick*. Schwerpunkte waren dabei das Feuerwehrwesen in der NS- und in der Nachkriegszeit sowie die Geschichte des Fürstentums Schaumburg-Lippe einschließlich der Ortsgeschichten der Dörfer und Städte Auhagen, Hagenburg, Ottensen und Sachsenhagen.

ibidem-Verlag • Melchiorstr. 15 • 70439 Stuttgart • Tel.: 0711/9807954 • Fax: 0711/8001889
ibidem@ibidem-verlag.de